司

官能教育

私たちは愛とセックスを
いかに教えられてきたか

GS
幻冬舎新書
322

はじめに

パメラ・ドラッカーマンは『不倫の惑星』（二〇〇七年）のなかで世界各国のセックス文化について調べており、いくつかの興味深いエピソードを載せている。なかでもモスクワで会った女性精神分析医の言葉にはこちらもびっくりさせられる。

「不倫はいまではぜったいに必要な、なくてはならない人間関係なんですよ。義務なんです」彼女はいきなり専門家っぽい口調で言った。

それって冗談？　どうもたがいの話が見えていないようだ。わたしは通訳を介して、婚外セックスが義務だと言っているのかどうか、その精神分析医に聞いた。

精神分析医は平然といってのけた。「わたしは、婚外セックスは賢明な行為だと思っています」さらには自説を裏づけるようにこうも言った。わたしは結婚して一五年目になるけど、何度も婚外セックスを楽しんできたわ、もっとも最近は仕事が大変で回数が減ってるけどね。……

情事をきっかけに夫婦の絆が強くなる場合もあるというセラピストの話を耳にしたことはあるが、婚外セックスは幸福な結婚生活に欠かせないものであり、情事は義務であるという説は聞いたこともなかった[*1]。

たしかに「不倫は義務だ」と言われればちょっとびっくりするが、もしそれによって二人の関係が確固としたものになるのだとしたら、それはそれで悪くはなさそうである。一方の極に「不倫は絶対に許されない」をおくとしたら、真ん中に「不倫するのが人間だ」があって、もう一方の極に「不倫は義務だ」が位置する。そういう見取図を描くことによって、「不倫するのが人間だ」はニュートラルな位置づけを獲得する。単にルールがあって、禁止があって、侵犯があるというのはフェアではない。

多くの人を愛することはだれにとっても好ましいとされているが、そこに性的意味合いが加わるとなかなかそうはいかなくなる。そういう垣根を越えたもっと豊かな人間関係はどうしたら築き上げられるのか。本書は、不倫など社会的ルールをはずれた愛情関係を可能にする社会はいかにして可能かという問いからスタートしたい。

本書の進行は以下のようになっている。

1　まずこれまで当然と思われてきた一夫一妻制度からはみ出た社会が世界中に広く分布していることを示したい。永遠不滅の愛というものはなかなか手に入らない。それならそれで二人の関係を維持していくためのさまざまな試みが必要となってくる。

2　そもそもキリスト教でもイスラム教（イスラーム）でもヒンドゥー教でも一夫一妻の社会など近代に至るまでほとんど存在しなかった。それはあくまでも選択肢の一つにすぎなかった。古代ギリシアでも愛は三つのかたちに分けて考えられていた。それはどこまでも男の側の論理かもしれないが、「妻か愛人か」というような硬直した分類を離れて、それなりに機能していたのではなかろうか。もちろん逆もまた可でなければならない。

3　ミシェル・フーコーが自分たちを「我らヴィクトリア朝の人間」と言ったように、社会を守るために人々に未曾有の厳しい戒律を課した十九世紀という時代は、フランス革命以降の市民社会の登場とともに一夫一妻制度の確立へとなだれこんでいく時代だった。しかし、そんな時代でも自分の欲望に忠実に生きた女性たちは存在していたのである。

4

十九世紀は「不倫」がテーマの時代。フロベール『ボヴァリー夫人』（一八五七年）、トルストイ『アンナ・カレーニナ』（一八七七年）、ホーソン『緋文字』（一八五〇年）など、どれも許されない恋をしたヒロインの心のうちを描いたものである。多くのヒロインは修道院へ行くか自殺を遂げるか、だいたい悲惨な末路をたどることになる。

5

しかし、二十世紀に入ると次第にそのツケは男性が支払うことになってくる。「浮気三昧の夫、それにじっと耐える妻」という構図はもはや通用しなくなる。そうなると女性の反撃を受けた男性たちは追い詰められ、潜在意識としてあった女性に対する憧れを公に開示していくようになる。彼ら自身が女性と喜びを分かち合うようになっていく。草食化というのもその一つのヴァリエーションで、けっして一時的な現象ではない。

6

男女の結びつきにも変化が見られるようになり、セックスに伴うファンタジーこそ喜びの源泉であると認識されるようになる。その象徴がキスをめぐる心のふれあいだ。

まさに「セックスに対抗するにはキスしかない」ということになる。人々はさまざまな選択肢を得て同時に複数の愛を確かめられるようになっていく。その過程で一夫一妻制度は解体されていくのか、むしろ維持されていくのか、現在われわれはその岐路に立たされている。

タイトル「官能教育」という言葉には、フロベール『感情教育』(L'Éducation sentimentale) や本書でも論じたP・ゲイの『官能教育』(Education of the Senses) と同じく、「恋愛をめぐるレッスン」というような意味合いが含まれている。「感情」とか「感覚」とかいう語はあくまでも恋愛に限定されて使われている。ただし、そのままでは原語の意味合いが伝わらないので、あえて「官能」という言葉が選ばれ、さらに、「教育」という語にも暗に「調教」とか「修行」というニュアンスが加えられている。

本書の目的は、愛およびセックスの歓びについて、人々は社会によってどのように教育されてきたか、影響を受けてきたか、および、これからの愛とセックスはどのような変化を遂げていくのか、その全体像を俯瞰《ふかん》して示そうとするものである。

官能教育／目次

イラスト　中村隆
写真　アマナイメージズ

第一章 人にはなぜ愛人が必要なのか

一回ルール

ある日、ジャーナリストのSさんらがうちに遊びに来て、たいそう楽しい時間を過ごすことになった。彼女のマネージメントをしているのがU（旧姓）さんで、彼女は三〇年くらい前のぼくの教え子だった。このところ三十代四十代の美女らと飲む機会が増えて、いろいろおもしろい話を聞くことが多い。たとえば、「一回ルール」。女の子はささいなきっかけでエッチしたりすることがあるんだけど、酔ったはずみとかちょっとしたアクシデントでそうなることも少なくない。というわけで、一回だけならなかったことにするというルール。この一回ルールはなかなか秀逸で、女の側ではすでにそうやって処理してしまっているのに、男の側は一度やったんだからまたやらせろよと迫ってくる。うざい。実際、一度やっただけでなれなれしく肩に手を回してくるような男って最低とか、話はどんどん盛り上がる。

それにしても、きみらがそんなに遊んでいて、どうして彼（旦那とか恋人）はそれを許せるんだろうと聞くと、「まさか自分の妻に限って」と思っているんじゃないですか、それとも、「適当に遊んでいてもらったら、自分も自由に遊べるし」と思っているのかもしれないし、と笑う。

かつてギリシアのスパルタには姦通に似た合法的なシステムがあったという。夫の承諾があれば、妻は他の男性と自由に関係を結べたのである。紀元前九世紀の政治家リュクルゴスは、高齢の夫が、若い妻に生まれのよい若者を紹介し、その若者が「妻と結ばれて、濃くて健康的な血を持つ子どもをつくったら、自分自身の子とみなす」ことを許可している。[*1] このシステムはなかなかリーズナブルなもので、後に触れるように、かつてこうした考え方を採用した民族も少なくなかった。

十四世紀フランスにも夫の承認のもと妻が「ヴァランタン」という恋人役の男と恋の戯れに興じる行事があったという。この恋人役の男性は独身男性のなかからクジで選ばれた。この風習はメイ・フェスティバルの一種で、愛の力と春の復活を象徴するものだというが、不倫の温床となっていたので、教会は十七世紀以降これを根絶しようと努めたのだった。それにもかかわらず、いまだに残っている地方もあるという。[*2] やはり考え方は同じで、妻に若い男を割りあてることによって両者の欲求不満を同時に解消しようという狙いがあった。

アマゾン流域に住むクイクル族の男女は思春期になるとすぐに結婚するが、結婚して数か月もすると「アジョイス」という恋人をつくる。彼らは打ち合わせた時刻に水汲みや水浴などをよそおって共有地から抜け出す。そして、森のなかでおしゃべりをしたり、プレゼントを交換したり、性行為に及んだりする。ほとんどの村人が一度に四人から一二人の浮気相手を持っており、だれもそれを責めることはないという。[*3] こうした例を見てくると、**われわれが常識と思っている愛のかたちはもしかしたらむしろ例外的**なのかもしれない。

結局、女の人生をいかに幸せにするかはボーイフレンドの数で決まるんじゃないの、とぼくが口をはさむ。だって、一番好きな相手とは一緒になるか別れるかしかないけれど、二番手、三番手のボーイフレンドはいつまでも楽しませてくれるからね。つまり、**こちら(男)の側として見れば「あなたが二番目に好き」と言われるのがベスト**ということになるわけだけど。そう言ってくれる女友だちを一〇人持ったら、どちらも本当にすてきな人生になるだろう。妻は二人いらないけれど、そういう女友だちは何人いてもいい。映画に行ったり、ランチしたり、バーに飲みに出かけたり、時にはホテルでくつろいだり、会いたくて会うわけだからどれも楽しい。もっと一緒にいたいと思うところで別れるのがコツで、そうすることによってお互いの人生を大切にしあうことになる。

それにしても彼女ら三十代四十代の女性の魅力は二十代の女の子とは比べようもない。映画「8人の女たち」のカトリーヌ・ドヌーヴを見よ。けっして好きな女優ではなかったが、六十代を迎えることになって、その魅力はむしろ頂点に達したと言ってもよい。ハリウッドでもヨーロッパでも女優のトップはみな四十代を過ぎている。なんとすばらしいことだろう。いまや恋愛は十代二十代の男女の専売特許ではないのである。

いまの恋愛はかつての恋愛ではない

どこかの大学で恋愛学という講座があって人気だそうだ。「いまの若者は本当の恋愛をしていない、むしろ五十代六十代のほうがそれを知っている」というのを聞いて、ちょっとどうかなって思ってしまった。たしかに五十代六十代はかつてないほど若々しいけれど、自分たちの恋愛のほうが本物だというのはちょっと僭越に聞こえてしまう。何が本当で何がまちがっているなんてだれも言うことはできない。ぼくが大学で「恋愛のディスクール」という講義を始めたのは一九八八年のこと。当時にしても、「恋愛はするものであって、考えるものではない」というような反撥《はんぱつ》もあり、講義の進行にはずいぶん気をつかったものだ。その講義はフランスの思想家ロラン・バルトの『恋愛のディスクール・断章』

（一九七七年）という名著が下敷きとなっていたから成立したのであって、単なる社会風俗的な出来事をとらえて議論するというのでは学問にならない。

いまの恋愛はかつての恋愛ではない。そのこと自体はあながちまちがっているわけではない。**つねに「恋愛」の概念そのものが変質しているという点には十分注意しなければならない。**日本にその概念が入ってきたのは明治期で、世界的にはヴィクトリア朝の厳しい戒律に縛られた社会が背景となっていた。それまで一般に流通していたのは「惚《ほ》れる」だった。恍惚《こうこつ》の「惚」だ。それに、「好く」「見染める」などもあった。そこにやや大げさに聞こえる「恋愛」という言葉が入ってきて、当時なかなかなじめなかった様子が見てとれる。坂口安吾は「惚れたというと下品になる、愛するというといくらか上品な気がする」と書いている。まだ駆け落ちとか心中とかが話題の中心になるような世の中だった。

いまや駆け落ちも心中も死語になりつつある。妾《めかけ》や姦通という語もあまり聞かなくなっている。同じような出来事に見えてもその内実は大きく変化してきている。「恋愛」という語はそれなりに定着した様子だが、それでもしゃべり言葉で「好き」とは言えても、いまだに「愛している」とはなかなか言えないのではないか。

言葉の中身は大きく変化しているというのに、日常会話ではもっと古いあいまいな言い方が好まれるというのはどの領域にも共通したことで、それによって変化が見逃されてしまうということもある。その代表的な例が「愛人」という言葉であろう。いまや「愛人」と言っても、かつてのように権力や富を持った男が独占的に女を所有するという話ではない。愛人の意味合いも変わってきていて、夫婦（恋人）関係の外で交際し、理解し合い、愛し合う相手のことをそう呼ぶようになっている。いまでは結婚している女性が他の男性とつき合うケースも多くなり、そういう場合にも「カレ（愛人）」という言い方で通用するようになってきた。

もし愛人がいなければこの世は生きるに値しない

それにしても最近周囲の男たちを見ていてわかってきたことが一つある。年をとると男には楽しいことがほとんど何もないということである。ぼくと同年代の人々は、そろそろ仕事も引退して悠々自適の生活に入ろうとしているわけだが、いまの六十代はこれまでとは比較にならないほど若いので、そう簡単に年貢を納めるわけにもいかない。やりたいことがいっぱいある。しかし、いっぱいあってもそれをやる勇気がない。生きる気力を支えるものがない。

そんなとき、〝好きな人がいなければこの人生は生きるに値しない〟ということにハッと気づくのだ。どんな楽しいことでもそれを一緒に喜べる相手がいなければ何の意味もないということだ。東野圭吾の『夜明けの街で』（二〇〇七年）が二〇〇万部を突破したのも、そういう背景があったからではなかろうか。

「不倫する奴なんて馬鹿だと思っていた。妻と子供を愛しているなら、それで十分じゃないか。ちょっとした出来心でつまみ食いをして、それが元で、せっかく築き上げた家庭を壊してしまうなんて愚の骨頂だ」という冒頭の独白なんて、男だったらだれだって思っていることだ。でも、そう思いつつ不倫にのめりこんでしまうのにはいろいろな理由があるわけである。

いまや男女ともに職業を持つのが当たり前になってくると、男女関係にも大きな変化がもたらされる。経済力よりもむしろ愛情の有無が重要になってくる。我慢してまで愛情のなくなった相手と一緒にいることなんてできなくなる。離婚や別れの繰り返しが社会に蔓《まん》延《えん》する。それを嘆かわしいことだとみなす人々もいるけれど、ある意味健全なことだと言えないこともない。そう書くと誤解を生むかもしれないが、**だれにとっても自分を支えて**

くれる愛情が必要だし、それをつねに配偶者が保証してくれるというわけでもない。つまり、そうした社会においては、男性だけではなく、女性にも愛人が必要となってくる。男女では多少ニュアンスは異なるだろうが、どちらかというと男女ともにそういう関係を持つほうがフェアではなかろうか。では、どうしてそういうことになってきたのか、その背景について少し考察を加えてみよう。

女にもたくさんの選択肢ができた

結婚したら死ぬまで相手に尽くし、他の異性には目もくれずに過ごし、家族に看取られて死ぬというのが、これまで当たり前と思われてきた。しかし、そういう一夫一妻制を支える倫理観は八〇年代以降徐々に破綻しつつある。いまや三組に一組が離婚するような世の中なのだ。結婚そのものについて考え直さなければならない。もともと人間は生きている限り人を愛するようにできているわけで、一人を選んだら一生他の相手を拒絶しなければいけないというほうが不自然だったのではないか。

そういう変化を支えてきたのが八〇年代以降の社会状況の変化で、形式的には男女雇用機会均等法の施行（一九八六年）によるところが大きいかもしれない。それは社会全体の要請でもあった。つまり、それまで女性は結婚して家を出る他に選択肢がなかったのだが、八〇年代からはもっと多様な生き方が求められるようになってきたのである。たとえば、結婚する以外にも、愛人でいることや、独身をとおすことも可能となった。

当時、ぼくはちょうどその世代を対象にしたＮＨＫ『35歳』（一九九五―九六年）という番組のキャスターをやっていたので、その当時の三十五歳、すなわち、一九六〇年前後に生まれた人たちによってそれまでの考え方が一新されていくのを目の当たりにしてきた。「マスオさん」現象（妻の親との同居）、「アッシーくん」（遅くなっても車で送り迎えしてくれる便利なボーイフレンド）、「メッシーくん」（いつもごはんをごちそうしてくれるボーイフレンド）、「濡れ落ち葉」（定年退職後の夫たちで、追い払っても妻のそばをべったり離れない）とかいう言葉が流行《は や》り出したのもその頃のことである。

そんなふうにして、男性が女性に優しくなったというのには、男女が同じ権利と義務を持ったということが背景となっており、どちらも働くとなれば、炊事や洗濯、掃除を分担するのが自然ということになってきたわけである。お互いに経済的に自立しているとなれば、つまり、あらゆる面で対等ならば、男性も女性に従うべき場面が多くなったというだけのことである。そうなると、男だけに一方的に許されてきた人間関係が変化するのも当然の成り行きで、男が不倫するように女も不倫に憧れるようになってきた。これまでも、女の側が結婚後も複数の男たちと交際してきたという例はけっして少なくない。それはマルグリット・デュラス、フランソワーズ・サガン、アナイス・ニンらの生き方を見てもわかるし、日本でも岡本かの子が夫の一平とカレ（愛人）を一緒に住まわせたことがよく知られている。

ところが、最近ではその傾向に歯止めがかからなくなってきている。いまや不倫とか愛人を持つことが一般の女性にまで広がってきているようである。たとえば、「サンデー毎日」（二〇一一年十月十六日号）には次のような発言が載っている。*4

「この間、アラフォー先輩5人と食事をしたら、全員が不倫経験者。ビックリする私に、『オンナの30代は深いわよ〜』と皆さんのご助言。なにがあるの、オンナの30代！」（アパレル・30歳）

「付き合ってきた男性は皆、誠実で、浮気をするタイプではない（と思う）のですが、困ったのは私。浮気性なんです。平和な感じが続くと刺激が欲しくなる。あと、決まった相手がいて落ち着いちゃってますけど、私、まだイケてますかね？　と試したい気分もあって。隠しているわけでもないのに、バレません」（人材派遣・28歳）

こういう傾向を非難する向きもあるだろうが、ぼくはむしろ好ましい傾向だと思っている。かつてのように愛情もないのに離婚できず、つらい思いをしながら一生を終えるのに比べたら、「愛情がなくなったら別れる」とか「好きになったらその人ともつき合いたい」とか「できればみんなまとめて面倒みたい」といったことを堂々と言える世の中が、そんなに悪いものとは思えない。

愛情を長続きさせるために四日に一度は別の異性と眠る

この地上に存在した多くの社会のなかには「愛人」がうまく社会に組み込まれている例がたくさん見られる。以前に書いた『オデッサの誘惑』（一九九九年）や『39歳』（二〇一一年）でも紹介してきたが、それらも含めていくつかの例を取り上げてみよう。*5

たとえば、イヌイット（エスキモー）では、昔から「明かりを消して」というゲームをして、セックスの相手を交換しあい、北極の長く暗い冬を楽しむという習慣があったという。なんだか楽しそうでわくわくしてこないだろうか。あくまでもゲームであるというところが好ましい。

北部ナイジェリアでは、妻が最初の夫と離婚せずにもう一人の男と結婚する例が報告されている。最初の結婚はまだ幼いうちに親が決めたものだが、二度目の結婚は自分自身による選択である。それでも、彼女はどちらとも交渉を続けることになるのがいいところで、そのほうが精神的な安定につながるようである。また、同じアフリカの例だが、男性が依頼されて夫のいる女性と性的交渉を行う場合があり、子どもが生まれても、精子の提供者は父親を名乗らないことになっている。先ほども述べたように、こういうケースは広く一般化されており、妊娠にかかわった男が必ずしも父親になるとは限らず、夫はいかなる場合も夫として、また父親として振る舞うように社会から要請されるのである。

インド中央部のムーリア族たちのあいだでは、「ゴトル」(子どもの家)があり、少年少女たちは一緒に寝る相手を毎晩選ぶ。本当に相手を好きになってしまったカップルでも、四日に一度は別の異性と眠らなければならない。彼らのあいだでは、それこそ「愛情を長続きさせる方法」とされ、結婚の前に欲望を燃え尽きさせてしまうべきではないと考えられている。なんたる生活の知恵だろう!

南太平洋のある社会では、妻を貸したり、友人間で妻を取り替えたりするのだが、それによって男たち同士の協力が強化されることになるという。同じ部族に属するすべての男たちに互いの妻と関係することを許しているところもある。むしろ、妊娠期間中だけは夫とのみ性的関係を結ぶべしというおかしなルールさえ存在する。

西太平洋のウリシ島に住むミクロネシアの漁民は、「ピ・スプフィ」という祭りの際、男女が連れ立って森に出かけ、そこでピクニックをし、くつろぎ、セックスする。このとき、夫婦で一緒に行ってはならず、恋人同士も避けることになっている。そして、もし男女の数がそろわない場合にはセックスの相手を共有することになっている。こういう例は、マリノウスキー『未開人の性生活』(一九二九年)にも詳しい。トロブリアンド島の調査に基づくもので、メラネシアでは子どもたちが自然に性を学んでいく様子がよく描かれている。たとえば、以下のような描写を見よ。

森の隠れた場所に棒とか木の枝で小さな小屋をつくり、一組の男の子と女の子が夫婦ごっこをしたり、食物を用意し、できるだけうまく性行為を行ったり、まねたりしている。あるいはまた、一団となって、年上の連中の愛の遠足をまねて、海岸とかサンゴ礁の丘など気持ちのよい所へ食物をもって出かけ、そこで料理をしたり果物を食べて、「お腹が一杯になると男の子同士で組打ちをしたり、時には女の子と性交する」。森の野性の木の実がみのると、それをつみに出かけ、贈り物を交換し、果実のクラ（儀式的交換）を行い、性愛の遊びに耽る。[*6]

こうしたリストは限りなく続くことになる。それほど男女の関係については大方の想像をはるかに超えるようなさまざまな慣習が存在しているのである。

男が戦いに行くように女は愛人をもつ

そういうわけで男女の結婚をめぐる風習については世界中でそれこそ多種多様な例が見出されるのだが、ここでは田川玄氏が報告しているエチオピアの例をまず取り上げたい。そのタイトルがいい。「男が戦いに行くように女は愛人をもつ」というもので、副題に「南部エチオピアの父系社会ボラナの結婚と婚外のセックス」とある。[*7]

ボラナは南部エチオピアと北部ケニアにまたがる父系社会で、人口は約三〇万、牧畜と農耕を生業としている。彼らは数戸から数十戸の村落を形成しているとのことである。このボラナ社会では〝ほとんどすべての既婚女性には愛人がいる〟という。しかし、男女の性関係が乱れているというわけではない。ではどうして既婚女性に愛人が許されているのだろうか。その理由は以下のとおり。

彼らの社会では、女性は結婚すると夫の出自集団に入る。もし妻が愛人の子どもを生んだとしても、その愛人は父親とはならない。「ボラナにおける父親とは出産した女性の夫であり、子どもと名前の連なる人物なのである」（以下、本項カギカッコ内は田川氏の引用）。だから、妻がだれの子を生んだとしても、その子は夫の嫡出子であり、彼の出自集団に属することになっている。一族の繁栄という点では、むしろ妻が愛人を持つことは好ましいことだと思われているのだろう。やはり子孫繁栄という生物学的な要請はここでも無視することはできない。

同じように結婚する理由についても、彼らは決まって「（男性の）名前が消え去るのを避けるため（maqa badhu dowwani）」と語っている。女性の名前は、結婚後には自分の名前の後に夫の名前が続くことにより、最終的には「女性の名前は夫方の系譜のなかに組み込まれ、最終的には『消え去る』ことになる」という。

ボラナではそうしたことが社会全体によく浸透している。妻が愛人を持つことが可能となるのは、子どもが自分（夫）と遺伝子的につながっていなくても一族の系譜がつながることを第一とする彼らの社会規範ゆえであろう。もちろん、さまざまな感情的な問題もあるだろうし、まったくトラブルがないわけではない。みんなが愛人を持っているからといって、もちろんそれが手放しで推奨されているわけではない。怒り狂った夫が妻とその愛人に対してひどい暴力をふるうことも多々あるという。

いくらなんでも、そんなに物わかりのいい夫ばかりではなかろう。自分の「所有物」を盗まれては鷹揚にかまえていられない。それは万国共通の心理であろう。だから、「男が戦いに行くように女は愛人をもつ」という言葉には、男が戦いで手柄をあげるように、女もがんばって愛人をつかまえて周囲の評価を高めるべきというニュアンスが含まれているのではないか。なんだか勇ましいことである。夫公認だったらおもしろくもなんともない。

それでも一度にあまり多くの男性と交際するのは好ましいことだとは思われていない。たとえば、ある女性が一度に五人の男性とつき合っていたことについては恥ずべき行為として語られていた。ただ、愛人関係はけっして永続的なものではないのだから、一人の女性が断続的に何人かの男性とそういう関係になるのはむしろ仕方がないこととして受けとめられている。**女性も愛人がいないと「愛人のいない女」「弱虫」と罵られることがある**

という。彼女らも勇気が試されるのである。

一方、結婚してもまだ夫とセックスをしていなければ、彼女はだれとも愛人関係を結ぶことはできない。「結婚して間もない女性は、愛人関係を迫った男に、『自分はまだ既婚女性ではない (nadheen nitii)』と語ったという」。この社会ではいったん結婚すればある程度セックスの自由は獲得できるものの、未婚女性のセックスは厳しく禁じられているのである。「結婚に基づかないセックスは、社会の再生産と結びつかないばかりか結婚をめぐる社会秩序を脅かすものとされ、違反者にはボラナ社会からの追放という制裁が科せられる」。

なかなか合理的なシステムではないかと思う。だいたい一人の相手と結婚によって一生結びつくのはいいが、他の相手への恋愛感情まで押し殺さなければならないというのは人間の本性にぴったり合った制度だとは思えない。それに対して、**このボラナのような社会では「愛人のいる愛妻家」「愛人のいる良妻」という表現も可能となってくる。それこそ男女ともに理想のカップルの姿ではなかろうか。**

「貞節」よ、さようなら

おそらく一夫一妻制が当たり前という習慣にならされ、それを守るために「貞節」という義務を互いに課してきたわけだが、そんなふうになったのは日本でもここ一〇〇年くらいのことであって、それがあまりに画一化されるとさまざまな弊害が生まれてくる。不寛容（ちょっとした遊びだって許さない）、嫉妬（なぜ他の女を見たりするの）、羨望（あの人と結婚しておけばもっと幸せだったのに）、疑念（もしかして浮気してるんじゃないの）のオンパレード。いわゆる「未開社会」と呼ばれる人々の暮らしのほうがよっぽど進んでいて、お互いに自由で寛容なことがわかってきている。

以前、「エル・ジャポン」が特集したなかからさらに文化人類学的な引用を重ねてみたい。ただし、いま現在も同じ慣習が続いているとは限らないことをお断りしておきたい。*8

アフリカ中央部ケニアのナンディ族の女性たちは、男性が戦いに出かけてしまうと、妻どうしで同性愛の関係を持つという。ただし、それが性的意味を持つとは限らない。そこには財産相続をめぐる背景もあって、息子を持たない未亡人が嗣子を得るため、普通の結婚と同じ形式に従って「妻」を迎えるという習慣があるからだ。父系制をとるナンディ族では、家畜や土地などの財産を父から息子へ均分相続で伝えるが、息子を持たず死亡した男の財産はいったん妻が保有する。この財産を亡夫の弟など傍系の父系親族に渡さず、みずから亡夫の身代わりとなって「妻」をめとり、後継者を確保するのである。実際にはこの新妻のもとには、愛人が通ってきて子を生ませるのであるが、性以外の日常生活では、同棲している「夫」が男主人として客を接待し、力仕事は別に男を雇って自分の代わりにやらせるなど男性の役割を果たす。こうして、女どうしの「夫婦」間には通常の夫婦間におけると同様の協力関係と感情が見られることになる。

北アメリカ北西海岸のクワキウトル族では、首長の特権の多くが息子ではなく義理の息子、つまり娘の夫を通じて孫に伝えられる。いわゆる母系制だ。娘がないときには、息子がやむを得ず娘の代わりになって、他の男子を婿として迎える。この結婚式は普通の結婚式とまったく同じ方式で行われ、この後はじめて「娘」婿は首長の特権を受けつぐことができる。つまり、これらの同性者間の結婚においては、性的要素はほとんど含まれておらず、財産ないし地位の相続、継承の道筋をつけるために行われている。

ブルキナファソのボボ族の場合は、熟年あるいは不妊の女性たちが若い娘と結婚し、彼

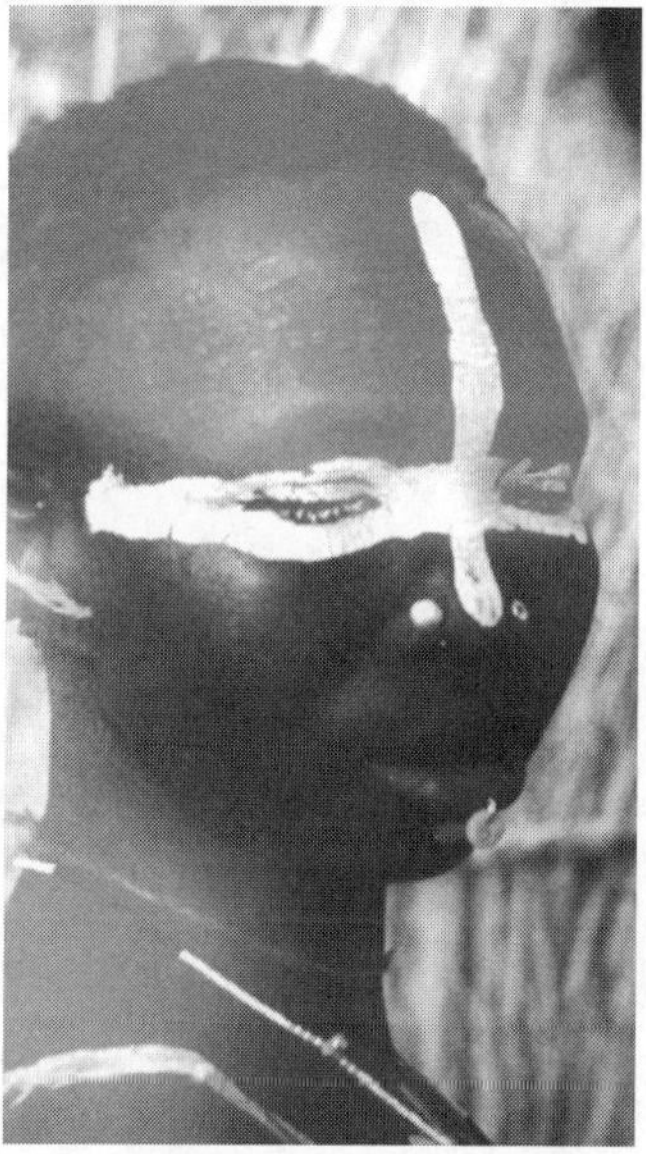

女たちが精力的に愛人を持つことを許し、彼らとも自由に性的関係を持つ場合があるという。そういえば、ミシェル・レリスの『幻のアフリカ』（一九三四年）のなかでオートヴォルタのボボ族の結婚の儀式について触れられている。それは以下のように描写されていた。「タムタムが始まって、みんなが十分興奮したとき、娘に求婚している若者は、みんなの前で娘にのしかかる。もし、彼が一突きで女の中に入らなければ、不適格と見なされ、結婚は行われない」。だれが真実を伝えているのかはわからない。地域や時代によってさまざまな習慣が伝えられているが、いずれにせよ、彼らは一夫多妻婚を採用していて、いまでも妻を四人まで持つことができる。

特徴的な一例がレプハ族で、彼らは社会生活を危うくしない限り、つまり、少なくとも夫婦が第一子を授かるまではつねに完全な性的自由を持っているという。レプハ族に限らず、結婚後の自由までは認められないにしても、婚前交渉の制約がない部族は当然のことながら多い。ブルキナファソのグルンシ族、ガーナのダゴンバ族などの場合は、青年たちが共同の家で生活し、そこへ女友だちを迎え入れる。いわゆる若衆宿だ。スルス族も若い戦士のためのキャンプを張り、そこでさまざまな娘と関係を持つことができる。日本でもかつてはそんなに珍しいことではなかった。

バントゥー系の民族では少女たちが思春期を迎える前からセックスを始めるという。こうした社会では処女性などまったく意味を持たないどころか、もともと問題にもなっていない。もっとも処女であることに大きな意味を認める部族社会もある。しかし、その場合、われわれが考えるのとは逆の意味で価値を認めるというのだからややこしい。つまり、いくつかの部族では女性が処女であるときにのみ性的接触が持てるというのである。象牙海岸のブロング族では少女たちは性交しない限りいくらでも恋人を持つことができるという。しかし、その男たちはけっして婚約者にはなれない。また、ナイジェリアのブンドゥ族とバランティ族の娘たちは処女を守ることを条件に夜の性的な集まりに参加できるのだという。いったいどういう集まりなのだろうか。いわゆるイニシエーション儀礼の一種なのか。このあたりになるとどこまで本当なのかわからないが、セックスについてさまざまな異なる慣習が残されていることは歓迎したいと思う。

同じくナイジェリアのコフィア族では、夫に不満だが離婚を望まない女性は、夫に愛人を持つことを認めさせ、夫の家で彼と一緒に暮らす。男性もまた同じ特権が認められている。だれもこうした婚外関係を不倫だとは考えないという。

「不倫」に定義はない

そもそも不倫とはいったい何だろうか。たまたまある社会での倫理規範からはずれているからといって、別の社会では堂々と世間にまかり通っている例はいくらでもある。だから一口に「不倫」と言っても絶対的な定義があるわけではない。さすがに不倫を公に奨励する社会はそれほど多くないが、少なくともそうした事態をある程度寛容に笑い飛ばせる空気は必要だったように思われる。妻を盗《と》られた夫をコキュと呼んで笑い、夫のほうではそれをひた隠しにしようと必死になるというのはモリエールの劇中だけではなく、西欧でもおなじみの笑い話だった。相手の気持ちを思いやることはなによりも大切なことだが、そのために自分の行動を必要以上に制限するのではけっしていい結果を生まないだろう。

ヘレン・フィッシャー『愛はなぜ終わるのか』（一九九二年）によると、辞書では一夫一妻制度を「一時に一人の妻しかもたない制度あるいは習慣」としており、性の区別をせずに

「ひとりの配偶者」をモノガミー、「複数の配偶者」をポリガミーとしている。問題はそこからなのだが、彼女は「したがって、モノガミーには貞節という含意はない」と言うのである。[*9] オックスフォード英語辞典でも、モノガミーを「一時にひとりの人と結婚する状態、制度、あるいは慣習」と説明しているという。このことは「パートナーが互いに性的に忠実であることを意味しない」とヘレン・フィッシャーは強調するのである。モノガミーと貞節はほとんど関係ないとさえ言えるし、むしろ、不倫はモノガミーにはつきものだと言うこともできるだろう。

そもそもA・P・メラーとT・R・バークヘッドの「一夫一妻である二九種の鳥のうち、どれくらいがメスの浮気の子か」という研究があって、「鳥によってはヒナの70％以上が妻の浮気の子という例さえ見つかっている」という衝撃的なデータが出されている。つがいで生きると称讃されている鳥たちでさえそうなんだから、人間を一夫一妻制のもとにただ束縛するだけでいいとはとても思えないのである。

デイヴィッド・バラシュらも「単婚の事例は全ての霊長類の10％から15％で報告されているに過ぎず、さらに哺乳類全般では3％程度（鳥類では90％以上）である」[*10] と書いている。ただし、その鳥類にしても実際にはそれを否定する報告ばかり届いている。「ムシクイとミドリツバメは単婚性だと言われてきたが、それぞれの種の雛（ヒナ）を六羽ずつ分析したところ、なんと彼らは五羽の異なる父親の子であることが判明した」のである。

さらに、「著名な人類学者G・P・マードックの権威ある論文『社会構造』によれば、世界中の二百三十八のヒト社会のなかで、単婚しか許されていないのは四三に過ぎない。つまり、西欧との接触以前には、ヒト社会の80％以上が優先的に一夫多妻制を行っていた」[*11]というのである。一夫一妻制はそれほど普遍的な制度ではなかったのである。

これまで人々が長いあいだ従ってきた制度や規則を頭ごなしに否定することはできないが、なにより離婚率がここまで高くなってくると、結婚という制度のほうになにか誤りがあるのではないかと思わざるを得なくなってくる。ジャック・アタリも『図説「愛」の歴史』（二〇〇七年）のなかで、われわれの社会に訪れる次のような変化を予言している。「一夫一婦婚の解消不可能性は時代錯誤であり、封建時代からつづく幻想だとして告発されるだろう。貞節は偽りであり、不自然、ほとんど残酷な約束事だとして嘲笑されるだろう。離婚はもはや失敗体験とはみなされないだろう」[*12]。さまざまな試練もあるだろうが、なにより**男性も女性も複数のパートナーと好ましい関係（性的な関係のみならず）を築くことができるような社会規範の成立こそ、いまもっとも求められているのではなかろうか。**

第二章

愛はいつまでも続かない

情熱が倦怠に変わるとき

十代の頃ずっと頭にあったのは「愛は無制限に続くものではない」ということだった。つねに人と出会い、相手に好意を持ってバーに誘い、一緒に楽しい時間を過ごしたとしても、二人の関係はいつかは終わってしまう。人を好きになるチャンスはいくらでもあるのだけれど、深みにはまると別れるときがつらい。相手を責めたり、他の友人たちに訴えたり、それまで過ごした時間がすべてムダだったと言われたり、憎しみあったり、そんな終わり方をするくらいならば最初からそうした関係を避けたほうが無難ではないか。しかし、それでもいつのまにかだれかを好きになっているのだから業が深いとしか言いようがない。

たしか十五歳の頃のことだったと思う。海外文学を片っ端から読みはじめていて、たまたまフランス・ロマン派の巨匠コンスタンの『アドルフ』（一八一六年）を手にとったことがあった。あまりに有名なこの作品については当然のことながら悲恋に終わるよくあるラブストーリーではないかと見当をつけていた。ところが読みはじめてびっくり、そのほとんどが恋の成就どころか、成就した後の二人の心理的な駆け引きで占められていたからである。ストーリーは以下のとおり。

主人公のアドルフは大学を卒業したばかりの将来有望な青年だったが、伯爵と内縁関係にあり子どももまでもうけた、十歳ほど年上の美しいエレノールに恋をする。彼の情熱に負けてエレノールも彼を愛するようになる。それで終わったら通俗的な恋愛小説にすぎないのだが、もちろんそうはならない。コンスタンは、アドルフの心のなかに生じた満足感がたちまち倦怠へと変化するところをむしろ丁寧に描こうとする。実際、二人とも行く先に不幸しかないとわかっていながらそこから逃れることができない。『アドルフ』の恋はけっして特別なケースを扱っているわけではない。他人事ではない。同じ結末が予想されている場合でも、われわれはみすみすその罠にはまってしまうのだろうか。

まだ高校に入ったばかりのことだったから、特に後半はやりきれない思いでいっぱいだった。「二人は互いに非難を浴びせあった。エレノールは、わたしにだまされた、ただ一時の慰みものにされた、わたしのために伯爵の愛情を失った、生涯かけて抜け出そうと努めたあの曖昧な境遇にみんなの見ている前で引き戻された、と言ってわたしを責めたてた。わたしはわたしで、ひたすら彼女に従おうとして、彼女を悲しませまいとしてやったことが、こんなふうに悪くとられたのを見て、苛立った」[*1]。

すばらしい愛を描いてくれるものと思っていたのに、相手に飽きて一緒にいるのもイヤになり、相手から逃れることを願い、それをエレノールに責められるとなんとか言い訳をしてごまかし、また一緒にいないでいいように試みるという繰り返し。おまけに最後には大きな不幸（エレノールの死）でこの悪循環が幕を閉じるというのだからなんとも言えない気持ちになった。そして、心が深く受けとめた「いかなる愛も長くは続かない」という真実は、ぼくのその後の人生に大きな影響を与えないではいられなかった。

アドルフは言う、「わたしは束縛のないいまの生活を、彼女の情熱のために強いられた、あの気ぜわしくて落ち着きのない、苦しみの生活に比べてみた。いまは自由で、だれからも気を配られずに、行ったり来たり、出たり帰ったりできて、実に気楽だった」と。エレノールとの愛の日々に飽きて、アドルフはなんとかそこから抜け出そうと試みるのだが、もしそこから逃れたとしても、今度はまた別の倦怠が彼を襲うことになるだろう。

浮気をするから人間？

なんと不実な男だろうとアドルフを責めるのは簡単だ。しかし、このことはアドルフに限ったことではなく、だれの心にも巣くっている避けがたい真実なのではなかろうか。アドルフは次のように宣言する。「恋の結ばれた当初から、この恋の永遠であるべきことを信ずることができないような男には禍いあれ！　いま得たばかりの愛人の腕に抱かれながら、すでに不吉な予感を持ち、いつかはこの腕からのがれることもあろうと見越すような輩には禍いあれ！」

そのとおり、「いかなる愛も長くは続かない」という真実は、だれもがある程度心の底では感じとっていることなのだ。それをなんとかやりくりして、ごまかして、われわれは人間関係を円滑にこなしていこうとする。しかし、本来それは不可能に近いことなのではないか。すべてを男の優柔不断さや裏切りのせいにして済ませていいのかどうかということも問題となる。「愛が永遠である」ということが当然のように語られる社会では、それに背くほうが断罪されることになるのだが、もし「愛が永遠ではない」としたらいったいどうなるのか。

ヘレン・フィッシャーの『愛はなぜ終わるのか』には「愛は四年で終わるのが生物学的には自然」と書かれている。事実、世界の多くの国々で離婚のピークは結婚四年目にあるという。それは「伝統的な人類の出産の間隔である四年とも一致する」のである。彼女の結論はこうだ。つまり、「繁殖期間だけつがうキツネやロビンその他多くの種と同じように、ひとの一対一の絆も、もともと扶養を必要とする子どもひとりを育てる期間だけ、つまり次の子どもをはらまないかぎり、最初の四年だけ続くように進化したのである」「ひとの繁殖のサイクルによってできあがった、七年目の浮気ならぬ四年目の浮気は、生物学的現象のひとつなのかもしれない」というのだった。

このことは、従来の「夫が本当にわたしを愛しているなら、他の女性の身体というか胸を見ても、ピクリとも反応しないはずだ」という考え方を根底から否定するものだ。「われわれ人類は生まれつき浮気をするようにプログラミングされている」、そしてさらに、「浮気をするから人間なのだ」という議論から出直さなければならない。ムリな規律（禁止）をつくるからそれを犯さざるを得なくなるのだし、その結果多くの悲劇が生まれることになる。そうなれば規律のほうを変えなければならないことになる。

最初あれほど燃え上がった感情がどうしてすぐに冷めてしまうのか。自分のものになった女よりも多少美貌は劣っても他人の女のほうがよく見えるのはなぜなのか。われわれはどうしたら相手の愛をつなぎとめることができるのだろうか。

年下の男が好き

当初、男は好ましいと思った女を誘惑し自分のものにしようと手を尽くすのだが、女はいったん好きになると男をとことん追いかけ、男はその執着ぶりに辟易《へきえき》して逃げまわる。これまでだったらそれが常識だと思われてきたのだが、最近ではその逆のケースも珍しくない。四十代まで仕事に遊びに邁進《まいしん》してきた女性たちの現状が知りたくてインタビューしてみた。数年前に七歳年下のカレと結婚したUさん（47）。

「どうしてそういうことになったの？」

「わたしのまわりではみんなそんな感じなの。いちばん仲のいいお友だちも、いま十七歳年下のカレと同棲してるんだけど」

「へえ、みんなえらいね」

「うん。最近思うのだけど、わたしたちってみんなが結婚だ出産だって言ってたとき、必死で働いていたわけ。それでもね、やっぱり女だから子宮のどこかに子どもを産んで育てたいって欲望は残っているんじゃないかなって。だから、年下のカレをとおして知らず知らずのうちに子育てしてるんじゃないかと思うこともある。もちろんそれだけじゃないけど、まわりの友だちも若いボーイフレンドを持って、エネルギーをもらって、さらに仕事がんばるみたいなところがあるんじゃないかしら」

「なるほどね。でも、きみのカレとは一度だけ会ったことがあるけど、すごくカッコいいよね。知り合ったとき、カレはまだ三十七歳だったたんだよね」

「そう、それまで女子大生とつき合ってたんだって。で、初めてつき合った年上がわたしだって言うの（笑）」

「きみもやるねえ。でも、これからまた若い女の子と浮気したらどうするの」

「いいわよ、全然。そう言ってるのだけど、カレのほうはもうさんざん遊んだからいいって言うの」

「うんうん」

「それはいいんだけど……」

「どうしたの？」

「わたしが一度でも裏切ったら終わりだよって言うのよ」

「うーん、きびしいね」


こうなると、これまでの男女関係と逆になっているような気もしてくる。男は若い女の子をかわいがるよりも、自分を支えてくれる女性を求めている。若い女の子も最初はいいけれど、だんだんうっとうしくなるだけ。それだったらいつも黙って相談にのってくれる相手のほうがどれだけいいことか。


「でも、女って年下の男はムリって時期もあるよね」

「あるわね。でも、ある年齢になったとき、わたしの場合は四十歳を超えた頃だったんだけど、それまでずっと年上や同年代とつき合ってきたのに、自分が憧れる男性像がある時点で崩れてくるのね。たとえばすごく尊敬していた会社の上司とかだれでもいいんだけど、この人ってすてきと思っていたのにふと気がつくとなんだか情けない男になってるの。一緒にお酒を飲んでいても、こんな人じゃなかったのにっていうようなことを言ったりするようになった」

「グチとか」

「そうそう、そんなことが重なって憧れが消えていったりして。その点、若いと夢があるし一緒にいて楽しい。年上のカレは、お金持ちだったりしたのだけど、夢がなくなっていって……そもそも週末になると二人でごろ寝しかすることがなくなったわけ」

「うんうん」

「なんだかすることがなくなっちゃったのね。いまのカレだったら、すごく行動力のある人だからすぐどこかに行こうって連れ出してくれるのだけど」

「そっちのほうが楽しそうだね」

「それに、『枕草子』にも、徳のあるお坊さんよりも未完成でもカッコいいお坊さんがすてきってあるでしょ」

「うん、だれかが『坊主イケメンじゃないと説法マジ聞く気しないわ』って訳してたな」

「やっぱり男って夢がないと。いまはわたしのまわりを見ても、女のほうが夢がある」

「そうかもね」

「やっぱり夢がないと一緒にいてもつまらない」

「女ってすぐみんなとなかよくなれるよね、みんながみんなじゃないかもしれないけど」

「うん」

「たとえば犬を散歩させていても、シロくん（犬の名前）のママとかミーちゃんのママとか言い合ってる。あれって男にはないんだよね。ランちゃんのパパとか聞いたことないし」

「ないわね」

「女はつながるけど、男は競い合う関係だからね。一緒に夢を語るなんてこと絶対にない。もっと若ければ別だけど」

「だから、かつてはリーダー的だったり、おれについていってタイプの男が最近弱っている。むしろ、以前だったら軟弱に見えた男たちが意外とがんばってる。男気で生きてきた人たちは、会社でちょっと異動があったりすると、そんなの当たり前なのに悩んだりして夜も眠れないなんて言ってくるの。その代わり、その弱そうに見えた男たちはそれを楽しんだりできるの」

たしかにいまの五十代以上の男たちを見ているとかつての自信にあふれた男たちと全然同じには見えない。懐の大きさも包容力もなくなっているし、かといって若い連中にはまだまだ負けないというような力強さもない。

「男って五十歳くらいになると、家に帰ってもあまり話を聞いてもらえないよね。いろいろグチは言われるけど」

「そうね」

「会社でも弱音を吐くわけにもいかないし」

「ちょっと気の毒ね」

「そうなると、やっぱり愛人を持つしかないんじゃないの」

「うん、そうだと思う。でも、最近思ったんだけど、男の人が愛人を持つっていっても、以前のようにお金とか力のある男が愛人を征服するっていうのじゃないのね。男の子が最初にセックスを覚えた頃って、女の子を征服したいっていうか自分が相手のすべてを奪うってことで独占欲が満たされたわけでしょ。そんなイメージだったでしょ。でも、いまのわたしたちの年代の男の人たちってちょっと心の持ちようが変わってきていて、相手にやすらぎを求めちゃうというか、征服したいっていうより自分が守ってもらいたいっていう感じなの」

「そうだよね」

「世の中のイヤなことから逃れたいっていうか、癒してもらいたいっていうか、それは五十代の男と二十代の女子大生の場合でも同じで、女の子のほうがカレを守っちゃうっていうのかな」

「あはは（笑）」

「だって、五十代って、もう世間では頭打ちだし、だいたい先が知れてるでしょ。もうそんなに夢も持てないし」

「でも、若い男の子にも似たようなところもあるんじゃないの。相手にやすらぎを求めるっていうか、励ましてくれて、自分の話を聞いてくれる相手が欲しいわけじゃない。そういうときに、うん、うんって相槌をうってくれる人って……」

「大事よねえ」

「それなのに、いつのまにか周囲にはいなくなっている」

「最近、同窓会みたいなのが多くなって、昔は男らしかった男の子がやっぱりお話好きなおばさんみたいになっていて、うちの娘にこんなこと言われてさあとか言うようになっていて」

「わかる」

「わたしとしては、何十年かぶりで会うわけだから、そんな話はおもしろくないし聞きたくないのだけど、こちらも大人の女になっているから、昔だったらツマンナイそんなのって言っちゃうところで、うんうん、そうだよねって聞いてあげるわけ」

「なるほど」

「それって昔は男の役割だったんじゃないの。こちらもある程度男遊びもして、たくさんの人とつき合ってくると、さすがに聞き上手にもなるわよ。銀座のママじゃないけど、たいていの話には応えてあげられるし」

「男の魅力ってちょっとわけがわからないところにあると思うんだけどね。何をしているのかわからなかったり、それでいてすごいことやったりして。社会に飼いならされたら終わりだと思ってるんだけどね」

「もうそんな人ってなかなか見つからないかもね」

受け身の男こそすばらしい

先日カフェで本を読んでいたら、隣の席の若いカップルの話が耳に飛び込んできた。男は二十代半ばで茶髪、とてもまともな職業に就いているようには見えない。女はいかにもキャバ嬢らしき風体で、長いつけまつげ、濃いアイライン。彼女は自分の仕事について上司の男（店長）がいつも文句を言うとしゃべっている。それを聞く男はその言葉の一々にうなずいて、そんなことないよ、レミちゃんは本当によくやっていると思う、みんなわかっているよ、と合いの手を入れる。

　そうなると、さらにレミちゃんは自分の周囲のトラブルについても話し出す。男はそれを黙って聞きながら、時々、レミちゃんはそれでまちがってないと思うよ、と口をはさむ。わたしホントは美容師になりたくて勉強したいんだ、と言うと、いまからがんばれば絶対なれるよ、もともとセンスがいいんだから、と答える。そんな会話が延々と続くのだが、男はずっとレミちゃんを肯定する姿勢を崩さない。

　隣でそれを聞きながら、だんだんこの茶髪の若い男に好感を抱くようになり、どんな仕事をしているのか知りたくなった。しかし、彼は一貫してレミちゃんの話を受けとめるばかりで、自分のことは一切話そうとしない。みごとに受け身に徹している。一時間ほど話すとレミちゃんはすっきりした表情になって、男と一緒になかよくカフェを出ていった。もしぼくがレミちゃんだったらさっきの茶髪の男に身も心も許してしまうだろうなと思った。なかなか若い男にできることではない。こういう男の子は本当に少ない。ホストなんだろうか？　それにしては身なりだってそれほどきれいとは言えないし、いったいどんな仕事をしているんだろう。ちょっと聞いてみればよかったなと出てからしばらく後悔した。追跡してもよかったのに。しかし、よく考えてみると、男の側からしても求めているのはそういう受け身の女性なのに、どうして最近見つからなくなってしまったんだろう。議論を吹っかけてきたり、口答えしたりするような相手には事欠かないのにとしみじみ思ったのだった。

そのとき、反対側の席にいた三十歳前後の女性二人組の会話、そちらも聞こえていたのだが、カップルの会話に聞きほれていたのでむしろ邪魔だと思っていた。しかし、いまやカップルがいなくなると、自然にそっちが耳に入ってくる。最近のカフェは席が近いのでどんな会話も筒抜けだ。カフェモカ二七〇円の店というのはどこも同じにちがいない。彼女らは自分たちの周囲の男たちの悪口を言っているようだった。うちにNっているじゃない、このあいだカラオケに行かないかって言うのよ、でもさ、一緒にカラオケに行って、相手がものすごく下手だったらいったいどんな顔をすればいいの、わたし絶対ダメ。そんなことを言いながら、二人でうなずきあっている。

まだ寒い季節なのに、コートの下はけっこう薄着で、スカートもやや短めだ。もう一人も負けていない。わたしも、なんだか後をつけてくる男っているでしょ、気持ち悪くってダメ、もうどうしてまともな男っていないんでしょうね、としゃべり出す。どちらも恋人がいない雰囲気だ。こういう話はあまり聞きたくないので、すぐに本に集中することにした。それにしても、どうして女には聞き上手っていないんだろう。お互いに順番を待って自分の話をするだけ。しかも、婉曲な言い方はしているものの、すぐにだれかの悪口が飛び出してくる。

こういう世の中ではさっきの茶髪の若い男のような存在は稀有《けう》であって、それだけで相手に好意を持たれるにちがいないと思った。昔、上野千鶴子さんに**モテる男の条件について聞かれ、「キャッチャーに徹することができる男」と答えたことがある。ピッチャー(女)がどんな球を投げてきても受けとめる覚悟のできている男。**なかなか二十代ではむずかしいと思っていたので、茶髪の彼につい感嘆の声がもれてしまった次第である。

一夫多妻がベスト?

たとえば以下の例のなかでどちらが幸せでどちらが不幸か考えてみてほしい。その際、子どもの有無はとりあえず考慮に入れないことにする。

1　結婚して安定はしているものの、お互いに愛せなくなっているカップル
2　諸事情で結婚はできないが、ずっと一筋に愛し合っているカップル

かつては結婚がすべてという風潮が支配していたが、一九六〇年代くらいからフェミニズムの勃興とともにそれを否定するような動きが生まれ、結婚という制度はそれほど確固としたものではなくなったかのように見えた。その一つの到達点が「結婚しないかもしれない症候群」だった。[*2] 当時は、結婚以外のさまざまな人間関係も同じように機能しはじめていたので、社会はもっと多様性豊かなものになると期待されていたのである。ところが、最近の傾向として、またもや結婚するかしないかということが最大の関心事になってきている。これは明らかに時代に逆行しているもので、とても好ましい傾向とは思えない。ヨーロッパでは結婚しない若者たちが増えているというのに、日本ではどうしていつまでもこんな状態なのか。それとも、このところの結婚願望の高まりは一時的な現象にすぎないのだろうか。

男女関係が豊かで実り多い社会を考えるためには、複数の人間関係を許容したり、結婚以外の選択肢を考慮に入れたりする必要がある。何でも一元化されて選択の余地がなくなるというのは好ましくない。もしできることなら結婚に七年満期制を取り入れてみたらどうだろうか。二〇〇七年、ドイツのキリスト教社会同盟（ＣＳＵ）の党首選に立候補したガブリエレ・パウリ議員は、キリスト教民主同盟（CDU）を批判して、「多くの結婚は、愛情ではなく、ただ安心感を手放さないために続いている」として、七年経過してもし合意が得られなければ自動的に関係は消滅するという選挙公約を発表したことがある。いわゆる「結婚七年満期制」である。二〇〇七年十月二十日付のロイター通信が伝えている。

いろいろな考えがあっていいと思うのだが、この提案にはすばらしい着眼点がある。つまり、たいていの場合、結婚は継続するのが当たり前だととらえられているので、もし離婚して婚姻関係を解消するとなるとかなり異常な事態で大きな悩みの種となる。それに対して、パウリ女史の提案では、七年経過して満期終了のはずが、さらに婚姻関係を継続するとなると、それは二人にとって新たな喜びとなるわけである。同じ出来事が見方をちょっと変えるだけで、人生最大の悲しみになったり、喜びになったりする。**継続するのが当たり前と思えば、その関係が断たれると悲しい思いをしなければならないが、終わりあるものを延長するのは喜び以外の何物でもないということになる。**

いまの日本でも、三十〜三十四歳の男性の未婚率はなんと47％を超えているし、女性でも34％を超えている。これは二〇一〇年の数字でものすごい勢いで増加しているので、いまでは男性は半数を超え、女性でも三人に一人は未婚ということになりつつあるのではないか。その点、フランスでもＰＡＣＳ（連帯市民協約、簡単にいえば「事実婚」）という法律が定められて以来、いまや結婚制度そのものが揺らいできている。近年、若い男女のあいだでは結婚しない傾向が急速に高まっている。先ほどのドイツのパウリ女史と同じく、二〇〇七年にフランスの大統領選に出た社会党（ＰＳ）のセゴレーヌ・ロワイヤル女史もまた国立行政学院（ＥＮＡ）時代の同級生とＰＡＣＳを結んでおり、「これまで結婚したいと思ったことは一度もない」と語っている。

もしそういう制度を採り入れたら離婚率はさらに上昇するのではないかと不安に思う人もいるだろうが、フランスの離婚率はほぼ35％であるのに対し、ＰＡＣＳの解消率は12％にすぎないし、そのなかには結婚へと解消するケースも含まれている。何でも法でがんじがらめにしたほうがよいとは限らない。それでも離婚したいというのなら、むしろ積極的に離婚すべき事情があると考えたほうがよいのではなかろうか。

あまり駆け足で結婚制度そのものについて議論するのは好ましくないので、ここでは二、三指摘するだけにとどめておきたい。人類の歴史を通じてもっとも広く行われたのは一夫多妻制だったことはご存じのとおり。ジャック・アタリも、「全体的にみると、現在でも一夫多妻婚は世界の人口の3分の1近くが住む国々でまだ認められて——少なくとも黙認されて――いる。しかし、そこでも複数の妻をもつ男は10%にすぎない。一夫多妻婚はすべてのイスラム諸国はもちろんのこと、アニミズム的な地域やヒンドゥー教国、さらにはキリスト教社会でもみられる」と述べている。一夫多妻婚の採用は単に性愛の問題ではなく、社会が一貫して豊かかどうか、生きるのもやっとという貧困に苦しめられている社会かどうかという問題とも深くかかわっている。一妻多夫婚を採用する国々も同様である。

第一章で引用したデイヴィッド・バラシュらは、一夫多妻制はむしろ女性にとって有利な制度ではないかと述べ、次のように指摘している。「実際、ほとんどの男性にとって一夫多妻制は災いであり、逆にほとんどの女性にとっては良い待遇である。一夫多妻制なら、より多くの女性が、有力な成功者と関係を持つという選択肢を得られる。下位の無力な男たちが生殖権を奪われることはあっても、女性がそうなることはほとんどないのだ。つまり、**一般に単婚制は女性にとって利益であると考えがちであるが、実際には男性、特に中位もしくは下位の男性にとって快適な制度なのである。**単婚こそは男性を平等にする。家庭における民主主義の勝利なのだ」[*3]。

たしかにそのとおり。一夫多妻だと上位の男が女たちを根こそぎ持っていってしまうので、自分たちの分け前はほとんどなくなってしまうが、女たちはあえて上位の男を選んでもいいし、残された下位の男たちのなかから自分の好みの男を選んでもいいことになる。

複数婚が安定社会をつくってきた

一夫一妻制に問題があると指摘する声は以前よりずっと高まっている。しかし、いま問われるべきなのは単に結婚制度の問題ではなく、「いかなる愛のかたちが好ましいか」ということではないかと思う。

たとえば、聖書を例にとってみるとほとんど一夫一妻婚は見出せない。聖書の主要人物はほとんど一夫多妻であり、カインから六代目のレメクについても次の記述がある。「レメクはふたりの妻をめとった。ひとりの名はアダといい、ひとりの名はチラといった」(創世記4・19)。アブラハムも妻のサラに子が授からないとエジプト人の女奴隷ハガルによって子を得ているし、その子イサクについても、またヤコブ、ヨセフについても、聖書の登場人物の多くはみんな一夫多妻だ。しかし、いまの社会事情からそれを非難するのはまったく的外れなことである。いまわれわれが従っている法律だって何世紀かしたら大きな非難の対象となることだってありうるからだ。

イスラム教(イスラーム)が一夫多妻であったことはよく知られている。その慣行はいまでも完全に否定されているわけではない。そもそもイスラム教の創始者ムハンマド（マホメット）（五七〇頃―六三二）からして全部で九人または一一人もの妻をめとったとされているのだから、そう簡単に不道徳と決めつけるわけにはいかない。彼は自分を範として一夫多妻を奨励しており、当時はむしろ好ましいことだとされていたのである。

「彼は25歳で40歳の寡婦（ハディージャ）と結婚し、この最初の妻が死んでから、子どもたちの世話をするためにほかの女（サウダ）をめとった。彼はその後2人の寡婦と結婚し、次に、解放してやるために女奴隷と結婚した。その次には政治的な理由でメッカ人の首長の娘と結婚し、さらに友人アブー・バクルの娘と結婚した。全部で9人の妻である」[*4]（丸カッコ内は筆者注）

妻の数は正確にはつかめないものの、一三人いたという説もある。おそらく最低でも一一人いたと考えるのが自然であろう。

その一方で、中国南西部・雲南のモソ族は一妻多夫の母系社会であるにもかかわらず、国連から「理想的な共同体」として評価されている。むしろ、現在のイギリスでは40％以上の子どもが婚外婚であり、既婚男性の22％、既婚女性の15％が婚外関係を持つことが知られているわけで、その不自由さやトラブルの多さを考えればいかに複数婚が安定した社会をつくってきたか、いまさらながら再考の余地があるのではないか。少なくともその社会の事情を勘案することなく一律に全否定するのはいかがなものだろう。

相手を死ぬまで愛し続けるような恋愛や涙ながらに手を握り合うような友情はいまの時代にはそぐわなくなっている。先ほど述べたように、駆け落ちとか心中とか妾とか姦通とかいった話題もこのところほとんど聞かない。われわれの社会では、もっとも変化しないと思われるものがむしろより多く変化に曝《さら》されてきたわけだが、倫理・道徳、愛、家族、信仰などもその例外ではない。われわれにとって普遍的と思われてきた愛もこれまでさまざまな変化の荒波にもまれてきたし、これからも大きく変化し続けることだろう。かつては愛する人に対する忠誠こそがすべてに優先すると考えられてきたが、三組に一組が離婚するような社会になると、もはやそんなことは言っていられなくなる。しっかりした信念ほどちょっとした変化によって脆くなったりするものである。

これまで人と人とを結びつけるのは学校、会社、家族のような社会的な制度や慣習であった。しかし、いまや学校、会社、家族の結びつきが弱まって、それぞれが自分の所属を外に求めるようになってきている。古市憲寿は「同時進行でいろいろなコミュニティに浅く広く所属できる現代の方が、たまたま生まれた家族や場所などに人間関係が完全に依存してしまう社会よりも、フェアであるともいえる」と書いている。*5

　これまでは不必要なまでの制限に阻まれて会いたい人とも自由に会えなかったわけだけれど、これからの人間関係はずいぶんとちがったものになるだろう。それがいいか悪いかはまだわからない。たとえフェアになったからといって、生きやすいかどうかはまた別問題だからである。

　では、これからの愛のかたちはいったいどうあるべきなのか。まずは古代ギリシアでは愛および結婚についていかなる理解がなされていたのか、少し詳しく追いかけてみたいと思う。

妻・愛人・女友だち

　キリスト教もユダヤ教もイスラム教も一夫多妻を否定しなかったが、それに対して古代ギリシアでは（さまざまな経緯があってのことではあるが）一夫一妻が採用されていた。そして、彼らは愛を三つのかたちに区別したのだった。すなわち、エロス、フィリア、アガペーである。ジャック・アタリによれば、「エロスは性的魅力や欲望を表す（内的動揺、感覚的興奮を表す orgê ともいい、この語から『激しく欲する』という意味の動詞 organ

と名詞orgasmosが生まれる)。アガペーは感情移入を意味し、真実・他者・人類に対する愛、愛他精神を表す。そしてフィリアは友情を示す[*6]」となっている。簡略化して言うと、エロスは「性愛」、フィリアは「友愛」、そして、アガペーは「人類愛」ということになるのだろうか。後にアガペーはキリスト教によってエロスと対比され、人間の愛と神への愛の相克として議論されることになるのだが、そうした意味では、アガペーは「神への愛」と言い換えることもできるだろう。そこまではよい。

問題となるのはそれに続くセンテンスである。「ギリシア市民の大部分は、家を守り子どもを産み育てるための妻を1人と、ものにしたり略奪したりした内縁の妻たち、そして社会的立場としてはときとして売春(proneia)に属するとされるヘタイラ(仲間、女友だち、愛人)をもっていた」とある。そうなると、当然、エロス、フィリア、アガペーが妻、内縁の妻たち、ヘタイラに対応するものとして読めてしまう。しかし、いったいどう対応するのだろうか? そもそもヘタイラとは何か?

一般的に考えるならば、エロスは高級遊女(日本では「芸者」に値する)であるヘタイラに対応するものであろう。では、フィリアは? それを友情と受けとるならば、文脈からして「ものにしたり略奪したりした内縁の妻たち」、つまり、愛人たちに対応するということになってしまう。そうなると、アガペーは妻に属するものとなるのだが、どうもそれではすっきりしない。

いかにも男性中心社会を思わせる記述で、とても好ましいとは言えないが、それでも男女関係を一義的に規定しようとしない点に注目したい。妻・愛人・ヘタイラという三分類を見ていくと、そちらにはそれなりに魅《ひ》かれるものがある。普通だったら妻と愛人を対比させれば済むものを、いったいヘタイラとは何か？

一般的にヘタイラは高級遊女と理解されているが、コリントスにあるアプロディーテ神殿に仕える女奴隷と同様、神殿に納められた金とひきかえに身を売る巫女《みこ》もそこに含まれている。男たちの快楽にかかわる仕事をする女性は広い意味でみなヘタイラと呼ぶことができるのだろうか。ヘタイラは政治家の第一妻になることもあるし、重要な公的役割を果たすこともある。たとえば古代アテネの歴史上もっとも重要な政治家ペリクレスの愛人アスパシアは、ヘタイラ（遊女）の出で、後に自分自身でヘタイラに教えを授けるサロンを設立している。自由民の若い娘も既婚夫人もたびたびそこを訪れたことで有名だった。アスパシアには、後にペリクレスの演説の草稿を書いたとか、ソクラテスに弁論術を教えたとか、さまざまな逸話も残されている。

かつては日本でも芸者や料亭の女将《おかみ》が政治家や実業家のうしろだてとなっていたことがある。彼女らは精神的に彼らを支えただけではなく、実質的な人間関係やお金のやりくりまでまかされていた。彼女らは普通の女たちよりもはるかに見識があり、政治的・経済的な知識も豊富で、政財界の人々にとって欠かすことのできない存在だった。たとえば、彼女らは「越山会の女王」というように呼ばれたりしたが、けっして表だって名乗りを上げない節度もわきまえていた。ヘタイラにもそういった含みがあったと思われる。

当代きっての弁論家デモステネスは有名な『ネアイラ弾劾』（第59弁論）という法廷弁論の末尾近くで、アポロドロスの次のような言葉を引用して三者の違いを説明している。「ヘタイラは快楽のため、妾は日々の身の廻りの世話のためにあるが、妻は嫡出子を生み、家の中のことを信頼して任せるためにあるのだ」と。*7 そうなると、やはり最初のジャック・アタリの受けとり方、つまり、「ギリシア市民の大部分は、家を守り子どもを産み育てるための妻を一人と、ものにしたり略奪したりした内縁の妻たち、そして社会的立場としてはときとして売春（proneia）に属するとされるヘタイラ（仲間、女友だち、愛人）をもっていた」でいいということになってくる。

いずれにせよ、一夫一妻制のもとで妻を特別扱いしながらも、それ以外に二つのジャンルを設けているところが興味深いわけで、しかも、それを愛人と友人というようにすっきり分けていないところがポイントであろう。そうなると、「ものにしたり略奪したりした内縁の妻たち」は日々の喜びのためにあるわけで性的な関係にあるのはもちろんのことだが、現代で言うところの「愛人」を指すだけではなく、身のまわりの世話をする役割まで背負っていることになる。そうなると、むしろ、愛人というよりも昔の「妾」（ミストレス）という語のほうがぴったり来るかもしれない。

さらに、ヘタイラはというと、愛人であり、女友だちであり、性的パートナーでもあるというきわめて多義的な存在としてとらえられている。そのようにつねに複数の役割を果たす存在というのは、たいてい当該社会でもっとも注目に値する存在ということだ。古代ギリシアでもっとも有名なヘタイラといえばアスパシアであり、そして、フリュネーであろう。では、彼女らはいかなる女性だったのだろうか。

絶世の美女フリュネー

フリュネーの美貌は当時ギリシアでも広く知られており、エレウシスの秘儀が行われている時期に、衣服を脱ぎ捨て、衆人環視のもと全裸で海に入っていったというエピソードはよく知られている。それにインスパイアされた画家や彫刻家が数多くの作品を残している。たとえば、アペレスの「海より上がるアプロディーテ」のモデルはフリュネーだと言われているし、古代ギリシアでもっとも有名な彫刻家プラクシテレスの「クニドスのアプロディーテ」も彼女がモデルだったと言われている。[*8]

いずれにせよ、彼女は後に神を冒瀆した罪により裁判にかけられることになるのだが（有罪となったら死刑は免れられない）、雄弁家のヒュペレイデスは形勢が不利となると、フリュネーの着ているローブをはぎとって彼女を法廷で全裸にしてしまう。驚いた陪審員たちは彼女の神のような美しい裸体に目を見張り、たちまちフリュネーに無罪の評決を下すのだった。当時、美はなにより至高の価値を持つものと考えられていたからである。そのシーンを描いたジャン＝レオン・ジェローム（一八二四―一九〇四）の「フリュネーの裁判」は有名だ。

ちなみに、世紀末の画家ジェロームにはよく似たポーズの絵がいくつかあり、なかでももっとも有名なのが「ローマの奴隷市場」であろうか。いずれにしても、みずからすべて見えるようなポーズをとりながら、羞恥心のこもった姿勢としても受けとれる微妙なポーズが当時人気を博したのはまちがいない。その頃一世を風靡《ふうび》した印象派を「フランスの恥

フリュネーの裁判
1861年

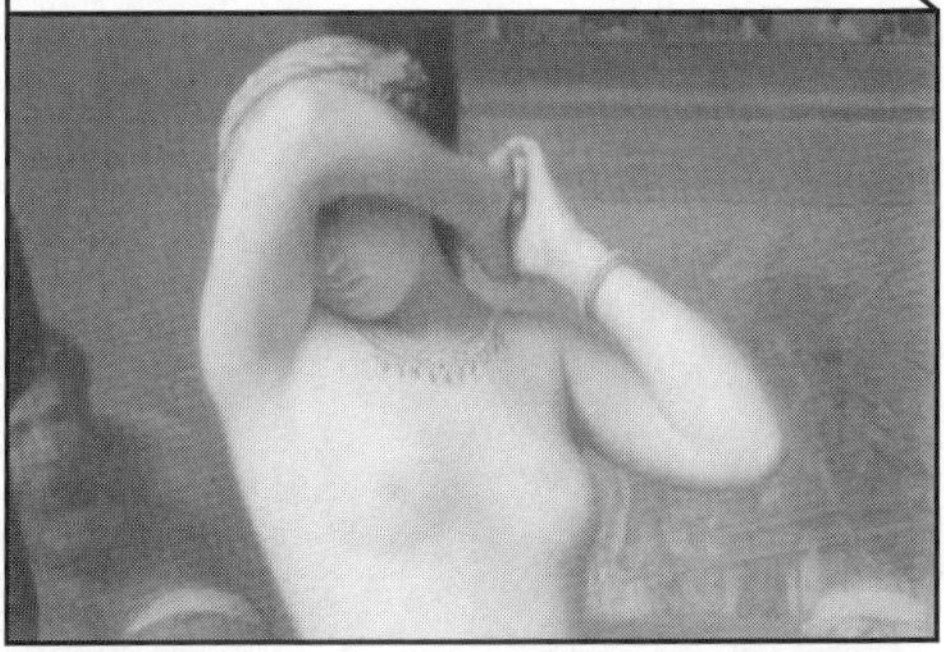

拡大図

ローマの奴隷市場　1884年

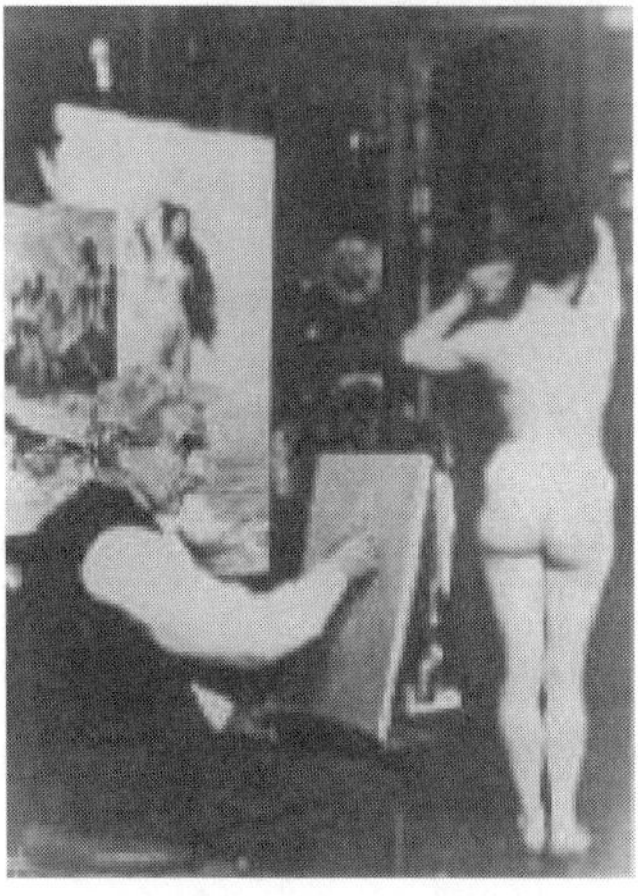

モデルにポーズをとらせる
ジェローム

辱」とみなし、あくまでも正統派を擁護したジェロームは、オリエンタルに題材を求めることが多く、それによってヌードの必然性を主張したわけだが、「ローマの奴隷市場」などの作品はさすがに大きなスキャンダルを引き起こしたのだった（一説にはこのポーズはナダールの写真にインスパイアされたものだとも言われている）。ジェローム対印象派の対決はもちろんご存じのとおり印象派の圧勝に終わったわけだが、当時一般大衆を喜ばせたのはどちらかは言うまでもないだろう。

フリュネーは、その後も多くのアーティストに霊感を与え、リルケやボードレールの詩など多くの作品にその姿を見ることができる。こうしてフリュネーを見ていくだけで、ヘタイラの魅力がよく伝わるかもしれない。それは職業としてというよりも、その生き方によるものだと言うことができるだろう。だれしも美しさだけではファム・ファタル（運命の女）にはなりえなかったのである。

吉田喜重「エロス＋虐殺」

ここでちょっと脱線するかもしれないが、伊藤野枝《のえ》（一八九五―一九二三）について少し触れてみたい。彼女はダダイスト辻潤《つじじゅん》と結婚して別れ、アナーキストのなかで中心人物だった大杉栄（一八八五―一九二三）と恋に落ちたことでよく知られている。当時、大杉栄には妻（内妻）である堀保子《やすこ》、愛人である神近市子《かみちかいちこ》（後の社会党代議士。後述する「エロス＋虐殺」を名誉毀損で告訴）がいたわけで、これは先ほどの妻、愛人、ヘタイラによく似た関係に思われる。もちろん伊藤野枝はヘタイラに対応するわけである。しかしながら、彼女は遊女とは正反対の反体制運動の闘士であり、「青鞜」の平塚らいてうの後継者として婦人解放運動に身を挺した女性であったことをここでお断りしておかなければならない。

そんな伊藤野枝のすごいところは、わずか二八年の生涯で三度結婚し、七人の子どもをもうけたことであろう。大杉栄と知り合ったのは一九一六年、彼女が二十一歳のときであり、関東大震災のどさくさまぎれに憲兵に拉致されて扼殺《やくさつ》されたのが一九二三年、二十八歳のときだったから、わずか七年のあいだに大杉の子どもだけで五人も生んでいる。旺盛な反政府活動の合間を縫ってなんと精力的なことだったのだろう。

しかし、大杉栄をめぐっての妻・愛人・ヘタイラ（新しい恋人）という三者の関係がうまくいくはずがない。後に「日蔭茶屋事件」として歴史に残る事件、すなわち、葉山の旅館「日蔭茶屋」での大杉と野枝との逢引きを知った神近市子によって大杉が刺されるという事件まで引き起こされている。こうプロフィールを書いただけで、伊藤野枝がヘタイラ

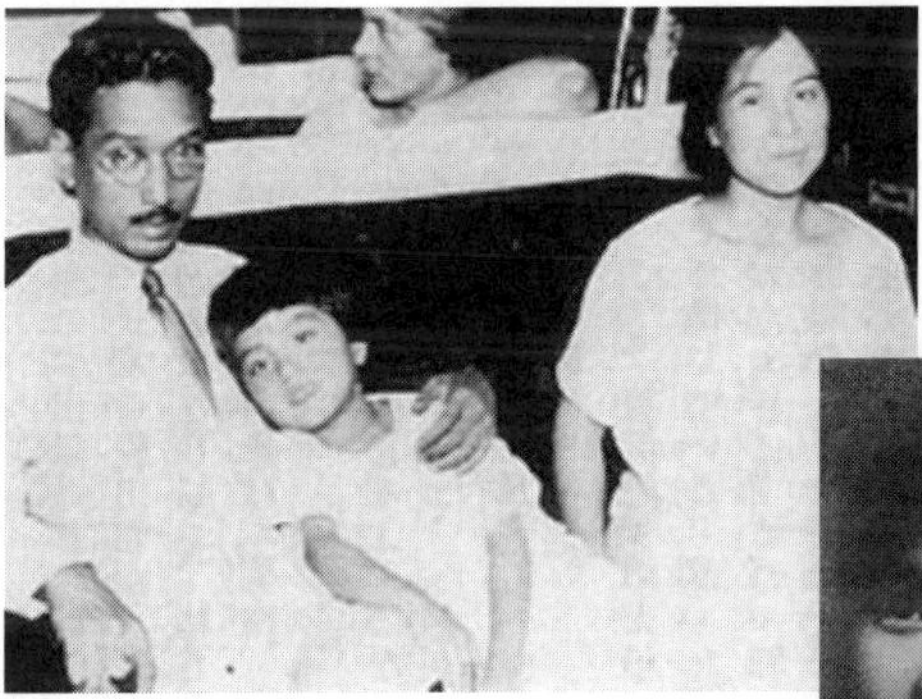
大杉栄と伊藤野枝

伊藤野枝

だとは言わないまでも、一種のファム・ファタルだったことは伝わってこないだろうか。彼女の奔放で自由な生き方がいかに人々に強い印象を与えたかおわかりになるだろう。

それを映画化したのが吉田喜重「エロス＋虐殺」（一九七〇年）である。

吉田喜重監督は、現代（一九七〇年当時）の若者たちの愛とアナーキスト大杉栄の生きた時代（一八八五―一九二三）の愛とを交互に映し出しながら、一つの事件を、起こったことも起こらなかったことも含めて描き出していく。それが映画「エロス＋虐殺」で彼がとった手法である。この映画では、大杉栄をめぐる三人の女、妻である堀保子、愛人である正岡逸子（神近市子だけ匿名）、そこに新たに恋人として現れる伊藤野枝の三人が登場することになる。彼女らは、お互いに相手と交替可能であるように見えて、けっして交わることのない人生を歩むことになる。もしかしたら彼女らこそ愛の三つのかたちに他ならないのではなかろうか。そんな気さえしてくる。ストーリーをかいつまんで示しておこう。

社会主義者・大杉栄（細川俊之）はすでに妻と愛人がいたにもかかわらず、新たに伊藤野枝（岡田茉莉子）と出会って恋に落ちる。彼女は十八歳で家を出て単身上京し、女性解放運動の創始者・平賀哀鳥（平塚らいてうのこと）を訪ね、彼女のもとで運動に参加する。やがて夫であるダダイスト辻潤と離婚しないまま、大杉と同棲を始めることになる。大杉にも妻がおり、また、かつて平賀哀鳥の同志であった正岡逸子を愛人として暮らしていたわけだから、それがスキャンダルにならないわけがない。大杉は革命の名のもとに一夫一妻制を旧制として切って捨て、フリーセックスを唱え、逸子と野枝と同時につき合う自分を正当化する。そして嫉妬に狂った逸子が大杉に短刀で斬りつける有名な日蔭茶屋事件が起こる。一方、一九六九年には、性に奔放な束帯永子（伊井利子）が、性に対して臆病な青年の和田究（原田大二郎）とともに野枝たちのことを調べながら、また別のストーリーを夢想するのだった。時代を隔てて、二つのストーリーは互いにからみあいながら進んでいく。

つまり、ここでギリシアの三分類を大杉栄の場合に当てはめてみると、妻である堀保子、内縁の妻（現在の意味では「愛人」と分類されるだろう）正岡逸子、そこに新たに恋人（ヘタイラ）として現れる伊藤野枝という三分類になるのだが、やはり魅力的なのは伊藤野枝ということになる。ただし、これには「新しい女はより多く愛される」というように矮小化される危険もまた含まれている。男はたとえ前に知ったほうが魅力的な女性だとわかっていても、新しく知った女性への好奇心がそれに勝ることがしばしばあるからである。

しかし、伊藤野枝のような女性がいまから一〇〇年前に生きたということは多くの人々を勇気づけることになるだろう。多くの人を愛し、社会の欺瞞を告発し、革命を夢見て立ち上がり、二十八歳で死ぬまでに七人の子を産んでいる。アナーキスト大杉栄は、彼女とともに虐殺された後、有名すぎるほど有名になったが、もしかしたら歴史を動かしてきたのは伊藤野枝のような存在だったのではなかろうか。これまで男性中心の歴史ばかりが語られてきたが、もしかしたら真実はいつもその陰に隠されてきたのではないかと思うのである。

第三章 官能教育

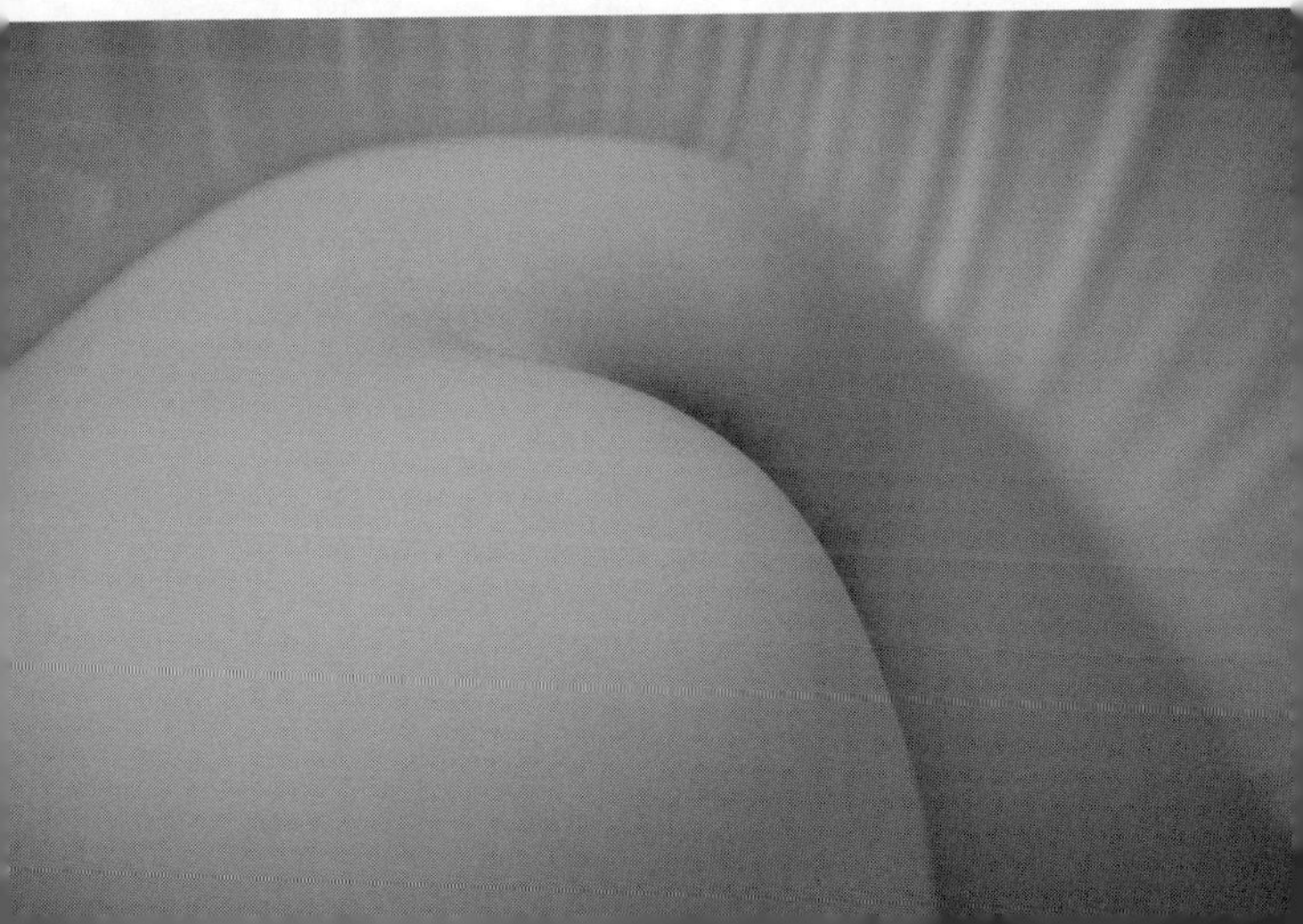

若い娘が知っておくべきことを知った娘がその後知りたがったこと

さて、まずは古代ギリシアの例を取り上げたが、現代のわれわれにとってもっとも影響力が大きいのは十九世紀のヴィクトリア朝という時代であろう。フランスの思想家ミシェル・フーコーは『性の歴史』全三巻（一九七六―八四年）を古代ギリシアから説きはじめているが、自分たちを「我らヴィクトリア朝の人間」と規定している。十七世紀までは西欧でも性についてはあけすけなところがあって、だれも照れたり恥ずかしがったりしない時代があった。ところが、ヴィクトリア朝の時代になるとたちまち黄昏《たそがれ》の時が訪れる。性についての言説は秘密に包まれ、「用心深く閉じ込められる」ことになる。

一九八〇年代初めの頃、関西の哲学会で最初の学会発表をやったときにつけたタイトルが「若い娘が知っておくべきことを知った娘がその後知りたがったこと」で、普段は学会などに顔を出さない人もみんなやってきたと聞いている。*1 やっぱりタイトルの力は大きい。

十九世紀のヴィクトリア朝という時代はヨーロッパ人の性道徳がもっとも厳しい戒律と抑圧のもとにおかれた時代で、肉体は人間の尊厳をおびやかすものとして社会の表面から一掃され、それらはけっして触れてはいけない事柄となっていた。たとえば、「尻」と言わずに「腰」と言いなさいとか、「乳房」と言わずに「胸」と言いなさいといった類の言葉狩りも広く行われたのだった。女の患者が男性医師の診察を拒否して死んでしまったという例もあったし、性行為そのものに子孫繁栄以外の目的を与えず、性的興奮は罪悪とされ、マスターベーションは医学的に身体に悪影響を及ぼすものだと攻撃された。同性愛などもっとも重い犯罪の一つとされ、そのために多くの犠牲者が出たのだった。

その背景にはキリスト教エヴァンジェリズム（福音主義）の影響があった。キリスト教道徳をここまで極端に実施していくと、社会はおそろしいほどの歪みを見せはじめ、人々の精神は禁止によって著しく蝕まれていくことになる。精神分析のフロイトが登場したのもそうした時代背景と無縁ではない。フロイトは神経症というものが社会の価値観と個人の生き方とのギャップから生じるものだと考えたわけで、「シュレーバー症候群」をめぐる彼の症例研究はその代表的なものであろう。

ヴィクトリア朝のセクシュアリティを取り上げた書籍は数多いけれど、作者不詳の『我が秘密の生涯』（全一一巻）などその多くが男性の書いた記録であって、女性の書き残したものはほとんど見つかっていない。それゆえに女性の側の考え方を知るためには、彼女らに向けて書かれた教育書を見るのが手っ取り早いとされたのだった。そういうわけで、メアリー・ウッド＝アレン＆シルヴェィナス・ストール『若い娘が知っておくべきこと』（一八九七年）は、当時の若い女性たちに対する社会の規律がいかなるものだったか教えてくれるものとして貴重な資料となったのである。

たとえば、彼女らは『若い娘が知っておくべきこと』のなかで次のように書いている。「あなたは、あなたの耳に棒や石を突っ込んだりしないでしょうし、他人にもそんなことをさせないでしょう。身体のあらゆる器官は神聖犯すべからざるものなのです。これは眼や耳同様性器についても言えることです。あなたは決してそれらをいじくってはなりませんし、誰にもそんなことをさせてはいけません」[*2]。もちろんここで議論されているのは目や耳のことではない。これは暗にマスターベーションを禁じた一節なのである。こんな言い方をされてすぐにピンと来るとしたらたいしたものである。

その続きを読み進めていくと、彼女らの主張が次第にはっきりしてくる。「しかし、時として、そうすると何か快い感じがするので、自分の性器をいじくるくせをつけてしまう娘たちがいます。……それは顔にあらわれてきますから、賢い人ならその娘がやっていることが分ってしまいます。……いつ頃からこの孤独な悪癖に染まったかは、ほとんどいつでも見分けがつきます……そのような娘は気むずかしく、いらいらと、不機嫌で、反抗的になります……女の子というものはしとやかでなくてはいけないのに、そのような娘は大胆になります。食事の好みも変わってきて、時にはカラシ、コショウ、酢、スパイスなどを欲しがります。……そのような嗜好は小さな女の子には異常なものです」。

このようにして、当時の十代の娘たちは厳しい監視のもとで自分の性についてとにかく抑圧する他に方法がなく、その結果めまいやヒステリーのような症状となって表れたのだった。

一般のヴィクトリア朝のイメージは好ましいものではない。それは、心の底に淫乱さを隠しながら人前では慎み深く振る舞い、自分には過ちを犯すだけの勇気や機会がないために、他人が過ちを犯すと激しく責めたてるという偽善的な中産階級の像に代表される。ヴィクトリア朝の文化・性道徳の教訓は、愛情についての制限はむしろ最低限でなければならないということであろう。禁止がなければ侵犯もない。厳しい制約があるからこそそれを犯さざるを得ない人々が登場するのである。つまり、あまりに厳しい禁止——たとえば禁酒法とか賭博禁止令とか——は、かえって普通の市民から犯罪者を生み出す源となる。その場合、問題とされるべきは「禁止」のほうであって、それを犯した人々の責任ではないと思われる。フロイトも、「今日、健全なものも病んでいるものも、みなおしなべて性に関しては偽善者である」と書いている。

これまで人々を苦しめた愛情関係をまとめてみると、友人との三角関係、嫉妬、妬み、嫌悪感、別れの悲しみ、片思い、不倫関係など、それらの多くはある程度自由な愛情関係を社会が認めることによって解消できるかもしれない。もっと進んだ関係性が容認されるようになると、さらに望ましい人間関係が可能になるのではないか。これまでの硬直した「夫婦」「恋人」「愛人」「友人」などの概念にも大きな変化がもたらされる可能性があるように思えるのである。

男女の性行為の記録

十九世紀の男女のあいだに起こったことにはどういう理由が隠されていたのだろうか。歴史学者ピーター・ゲイは「人間のかけがえのない個人的経験のなかで、男女の性行為は残された記録がもっとも少ないもののひとつとなっている」[*3]としている。しかし、彼はイエール大学の所蔵庫のなかからメイベル・ルーミス・トッド（一八五七―一九三二）という若い女性の奔放な性愛の記録を見つけ出し、彼の著作『官能教育』（一九八四年）のなかでそれを読み解くことによって、当時の社会における性愛の実態を明らかにしようと試みたのだった。

メイベル・ルーミス・トッド
一八七九年二十二歳で結婚、一九三二年七十五歳没。

ヴィクトリア朝という時代において、男たちは家ではよき妻と子を愛する家庭人であるとともに、外では乱脈な性関係を楽しんでいた。いわゆるダブル・スタンダードがまかり通っていたわけだが、女は結婚するまで何も知らないでいるように育てられた。知らないふりをすることが淑女の条件でもあった。『若い娘が知っておくべきこと』でも、「（淑女というものは）身体のどの部分のことであれ、それについて話しかけるのを他人に許したりはしないものです。もし話しかけられたら、一番賢いのは『お母さんにたずねるから』と答えることです」と教えている。

ピーター・ゲイは、メイベル・トッドについて次のように評している。その魅力は「なにも、際立った精確さと、なにごとも書き残さずにはいられない多弁さ、萎えることのない自身にたいする興味だけにとどまらない。彼女は、嫉妬まじりの噂がたつほど、陽気で

メイベル・ルーミス・トッド

才能もあり社交的で人望もあったため、周囲の男性たちと恋愛関係をもちつづけることができた。まだ十六歳にもならない頃であるが、彼女は、『まわりの人たちがただ私を愛してさえくれるなら、そうした人たちのために私はなんでもするでしょう』とやるせない言葉を書きとめている。『私は安全ではない。というのも、次に私を愛してくれる男性がいたら、たやすくその人を愛するようになってしまいそうだからだ』」とも。

彼女がデイヴィッドと結婚してアマーストにやってきたのは二十四歳のとき、すなわち、一八八一年八月のことだった。彼女の備忘録や手紙からの引用のなかでもっとも官能的なもののいくつかは、トッド夫妻がマサチューセッツ州アマーストで過ごした最初の一年に書かれている。だが、その時期を過ぎると、夫以外の男性たちがメイベル・トッドの性愛関係に頻繁に登場するようになる。すべてが満ち足りているのに、「彼女は、男性たちからの求愛を切実に求めていたのだった」。みんなの関心の的になりたかった。「このような関心を向けられることが必要であり、このうえなく嬉しいことだ」と彼女自身が率直に認めている。そんなある日、彼女は後に生涯の愛を捧げるオースティン・ディキンソンの二十歳の息子ネッドを受け入れてしまう（完全に非は彼女にあった）。

こういう女性はいつの時代にもいて、その奔放な性格から後世にまで名をとどめるようになる例も少なくない。オースティン・ディキンソンは著名な女性詩人エミリー・ディキンソンの兄で、アマースト大学の出納長をつとめた地方の名士であった。メイベルは彼と知り合ってから一〇年以上にわたって愛人関係を続けることになる。二人は、彼女の家の二階で、階下に彼女の夫と娘がいても、部屋の鍵をかけて夜のひとときを過ごしたらしい。夫のデイヴィッド・トッドにとって、妻の不貞への協力が、自身の浮気を隠すのに一役買っていたことは事実だが、その他にもまだ見返りがあったように思われる。「彼は、オースティンという代理を介して体験する妻のアヴァンチュールから、現実の交渉に劣らない満足を得ていた」のだった。

それについてピーター・ゲイはやや当惑しながら次のように書いている。「さらに、無意識の、わかりにくい、強固な防衛に守られたレヴェルで、彼は、オースティン・ディキンソンがメイベルとのあいだの関係によって感じている感情面での親密さに、大きな性的

父エヴァン

夫デイヴィッド

愛人オースティン

快感を感じていたにちがいない。こうしたことはわかりにくいものである」と（「わかりにくい」が重複していることに注意）。
　デイヴィッドは二人の密会の便宜を図っただけではない。彼らは三人で一緒に旅行したり、妻が不在のときには、その愛人であるオースティンのもとを訪ねたりして、二人で妻の称讃をするなどという始末であった。そのデイヴィッドにしても清廉潔白というわけではない。むしろその正反対で、娘のミリセント・トッドによると、「結婚して三年もしないうちに父は、相手が拒まない限り、ありとあらゆる女性と愛を交わすようになった。父は家にやってくる女性のほとんどと愛を交わし、私が大きくなると、私の友達にさえ手をつける始末だった」と記されている。

夫と妻は互いに別の恋人がいてもずっと同等の愛情を相手に対して注いでいた。メイベルはまだ十六歳の頃に、「けれども私は、人を愛する人並はずれた能力に恵まれているので、わずかでもそれを流出させたあと、せき止めるようなことがあれば、私のなかの名状しがたいものの激しい流れで、息がつまってしまうでしょう」と書いている。そして、いざオースティンとつき合うようになっても、「自分が特別な存在だから姦通が許されるというのではなく、むしろ、自分の姦通相手ゆえに、自分が特別な存在であることが証明される」と述べている。彼らの熱烈な愛人関係は一八八〇年代初頭から、オースティンが世を去る一八九五年まで続いたのだった。

しかし、オースティン・ディキンソンの死は彼女に決定的な打撃を与えることになる。そのときメイベル三十八歳。その後も二、三アヴァンチュールはあったのだが、次第に鳴りをひそめていく。あたかも彼女の情熱の火は彼の死をさかいに燃え尽きてしまったかのようだった。現在では、その年齢はもっともアヴァンチュールを求める年代なのだが、彼女の場合はそれまでにすべてを経験し尽くしてしまったのかもしれない。

肉食系

先ほどの四十代女子との会話のつづき。

「日本ではセックスレスって騒がれてるけど、海外ではどうなのかしら？」

「アメリカはピューリタンの伝統があるのでそっち方面は意外とダメなんだけど、ラテン系の国では相変わらず女の子を見たら口説くし、すぐハグしたりキスしたりしてくるよね」

「やっぱりそうじゃないとね、南米とか行くと人間らしくて安心するものね」

「そういうのが楽しいんであって、遠慮しすぎるとつまんないよね」

「たしか新聞にも載っていたけど、セックス回数国別調査というのがあって、日本は最下位だったんじゃなかったかしら」

「世界四一か国から男女三一万人が参加した実態調査の結果、第一位がギリシアで日本はぶっちぎりの最下位だった。なにしろギリシア人は一年間に一三八回で、三日に一度は必ずセックスをしているのに、日本はわずか四五回。世界平均でも一〇三回なんだから、日本の数値がいかに飛びぬけているかがわかるよね」

「ひどいわね。セックスレスって日本だけなのかしらね」

「セックスは回数だけじゃないという考え方もあるけれど、次ページのグラフを見てよ[*4]。そちらでもぶっちぎりなんだから言い訳なんかできない」

「どうにかなんないのかね」とぼく。

「急にセックスなんかできないんだから、普段からいかにセクシュアルな関係が築けるかってことよね。ちょっとハグしたりキスしたりって日本人は苦手よね」

「セックスがあまりに特別視されていて、ちょっとつき合うとすぐに恋人か友だちかなんて議論になってしまう」

「そんなんじゃなくて、もっとセクシュアリティも含んでいて、それでいていい関係っていうのがないのよね」

「ちょっとバーに行って飲んで、ハグしたり、キスしたりして、さっと楽しく別れるっていうのがいいんだよね。特に話さなくても白けたりせず、なんとなく気持ちよくいられるっていうか」

「そうなの、そういう色気のある関係っていうのがないのよね」

「やっぱり文化の違いかな」

世界各国のセックス頻度と性生活満足度（41か国）

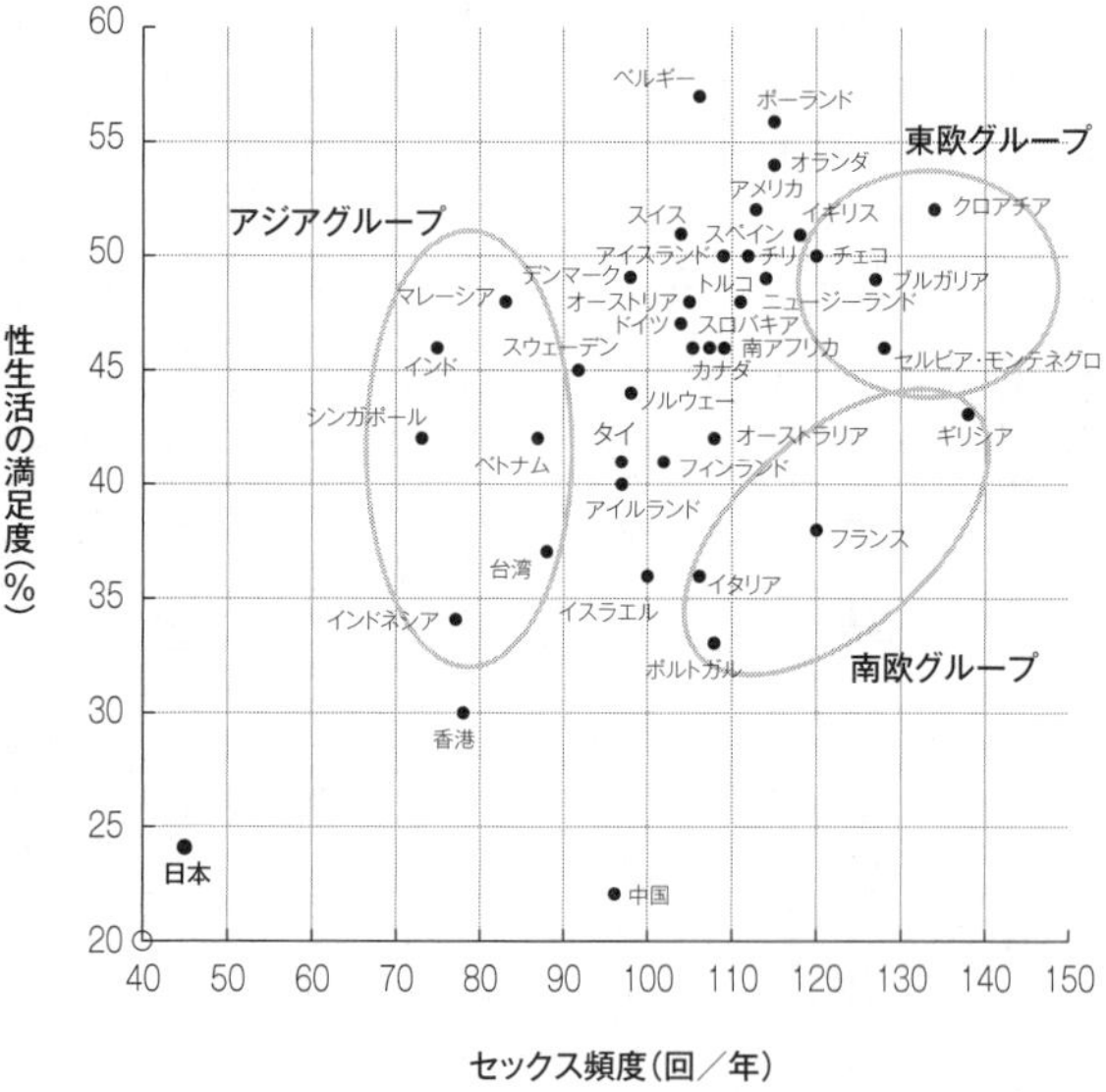

（注）性生活の満足度は"I' m happy with my sex life"と答えた回答率。
世界平均は頻度103回／年、満足度44%。

Durex社「2005 global sex survey report」

「いつからかハラスメントっていう言葉が流行って、ナントカ・ハラスメントとかやたらに言い出すようになってから、ハラスメント地獄になっちゃったのよね。男の人は女の子に『飲みに行こうぜ』って誘っただけでハラスメントって言われちゃうし、男と女が色気のある会話をする場面ってどんどんなくなってるんじゃないかしら」

「そういえば、きみは高校時代からずっと色気というか独特の雰囲気を持っていたよね」

「そう、つねに男の人を挑発したいと思っていたし、いまもそうだし」

「やっぱりそうなんだ」

「そういう気持ちは高校生の頃からあるし、子どもの頃からもある」

「うんうん」

「いつかはなくなるって思っていたけど、いま飲んだりするお友だちがみんなこうだから全然変わらないの。こういうのクーガーって言うんでしょ？」

「クーガー？」

「うん、ギラギラした、女豹？　肉食系を超えたさらに欲望のかたまりみたいな女子たちで、すごい勢いで相手を押し倒しちゃうというか。まあ、なかよくなるお友だちってどこか似てるところがなくちゃなれないんだけど、わたしは四十代になって結婚したけど、ほとんど結婚しないで若い男の子たちと一緒になって遊んでいる。だれかしら男はいるのよね、みんな」

「さっきの調査とは無関係な連中だね（笑）」

「あのなかにわたしの友だちってだれも入ってないわよ。わたしたちは例外。ちがう遺伝子なのかな」

「ラテン系だよね」

「やっぱりみんな仕事がんばっているし、そういう欲望がないと仕事もできないわよ。わたしも金融って世界にいて、そこって欲望のかたまりみたいなところがあるから、大きな仕事があるときは必ずセックスしてから行く」

「そうなんだ！」

「テンション上げていくっていうか。でも、かわいそうよね、それにつき合わされる男の子たちって。なんで今日セックスしなくちゃいけないんだよとか思ったりしてて」

「あはは（笑）」

「月の満ち欠けと市場の動きって案外連動しているから、時代が変わっても同じことなんだけど、やっぱり満月のときって何か起こったりする。だって人間のやることだから」

「まあ、そうだよね、同じことだよね」

「そう、欲望と自然のサイクルは同じはずだから、金儲けの欲望と自分たちの性欲と自然のサイクルってぜったい関係あるのよね。月曜から金曜まで働いて、金曜の夜になると、わたしの場合はニューヨークがあるから夜中の三時過ぎくらいになるのだけど、やっと心が解放されるのね、そんなときって男が欲しくなるじゃない。とりあえず男と飲んでセックスしたいじゃない。そんなときに対応できる男って既婚者以外にないの」

「なるほどね、しかも同業種ってことになるよね」

「そう、奥さんだって、自分の夫は深夜まで仕事しているって思っているから。そういう好都合な相手と、もちろん好きってことなんだけど、そういう関係になっちゃうの」


Uさんらの生き方はきわめて現代的なものに見えるけれど、メイベルの性愛の記録を読み進めていくと同じかさらに激しい欲望に突き動かされているシーンが読みとれる。抑圧されているだけさらにそういう傾向は強まっているのかもしれない。彼女はこれまで多くの人々が描いてきたヴィクトリア朝の女性像とは大きくかけ離れているように見えるが、おそらく当時のどの女性の心のなかにもよく似た願望は渦巻いていたのではなかったか。

男の側から書かれた『我が秘密の生涯』（作者不詳）を読んでも、その様子をうかがい知ることができる。

暗号のファンタジー

いずれにせよ、ここまで詳しくメイベルの生涯を復元できたのは、彼女が詳細な性愛の記録を残してくれていたからである。それについて触れる前にぼく自身の日記についての失敗談について書いておきたい。一九八六年当時のことである。まだ三十代、大学の助教授になったばかりの頃、ビジネス・ダイアリー（手帳）の日程表の小さなスペース（2センチ×2センチ）に詳細な日記を書き込むのに熱中していたのだった。さまざまな暗号をつくり出し、それを読めば、その日に何があって、だれと会い、どの店に寄って、何を食べたかまで再現できるようにしてあった。もちろん、暗号をつかっているということは、スペースの節約だけではなく、他人に知られると困ることも書き込んであったわけである。

そうはいっても、ぼくのつかう暗号はほとんどアルファベットと数字の組み合わせで、YC、Q、HR、L、F、HBなど多彩ではあるけれど、幾日かを通して見るとだいたい予想がつくものだった。たとえば、「京都HR▲5／R」とあれば、「京都競馬場にRと一緒に出かけて五万円負けた」ということになる。「L（7）G」とあれば、「今年度七度目の大学の講義（レクチャー）、おおむね良好（GOOD）」の略ということ。そんなことは別に読まれてもよろしい。問題はプライベートな性愛生活のほうである。そちらはものすごく苦労して、どんなことがあったのかすべて復元できるようにいろいろと工夫を重ね、いよいよ完成の域かというところまで来ていたのだった。

そんなある日のこと、いや、詳しく振り返ると一九八六年五月のことである。ダービーの前日に、渋谷の西武百貨店で「バリ島の快感原則」というタイトルで講演があり、終わってから散々飲んで深夜に電話ボックスに入ったところまでは憶えている（当時はまだケータイがなかった）。家に着いてみると財布とビジネス・ダイアリーがない。ダイアリーには電話帳がついていたから、それを取り出して、ついでに財布もその上において電話をかけ、そのまま酔っぱらって帰宅してしまったにちがいない。

慌てて電話ボックスに戻ったが、すでにそこには何も残されてはいなかった。近くの警察署まで駆けつけ、いろいろ書類に書き込んで、しばし自分の不注意を呪ってから家に戻った頃には、すでに午前三時を回っていた。ダービー前日で資金をたくさん持って大阪から遠征してきた折でもあったし、その日の講演のギャラもすべて財布のなかに入れていたので、それだけでもかなりの痛手だったが、それよりもわずらわしかったのが、紛失したカードの処分だった。銀行のキャッシュカード、クレジットカード、運転免許証、身分証明書、図書館入館証、その他。まったく思いもかけないことだったので、さすがに慌ててしまった。ぼくはそれまでほとんど盗難にあったことも紛失した経験もなかったのだった。

さらに、住所録や電話帳をなくしたのもショックで、ほとんどだれとも連絡がとれなくなってしまった。いまならケータイを落としたのとちょっと似ているけれど、当時はまだコピーもろくにつかえない時代で、どこにも保存のしようがなかったのである。まあ、ざっと以上のことだけでも大変なのに、もっとも困ったのが、日程表に書き込まれた秘密の日記の存在だった。さすがに真っ青になった。だれかに読まれる可能性があるということ、その年の五月までにあった出来事（データ）がすべて失われてしまうということ、だれかに迷惑をかけるかもしれないということ、どれもお金よりもずっと大切なことだった。

結局、すぐさま警察に届け出たものの、それらは二度と出てくることはなかった。カードをストップしたり、再発行してもらったり、友人たちの連絡先を調べ直したり、そんなことがあってダービーはたしか大惨敗だったと記憶している。いったいあの日記はどうなったのだろうか。おそらく何が書いてあるのかもわからず、すぐにポイと捨てられたにちがいないが、やはり三〇年近く経っても忘れられない事件だった。

メイベルの性愛生活

メイベル・ルーミス・トッドの日記はかなり赤裸々だ。たとえば、一八八一年四月二十八日の箇所には「デイヴィッドとの最良の晩、#15（O）」とあり、その三日後の五月一日には「いま朝の八時半。五時ごろからずっと幸福なときをすごす」とあり、末尾に「#16（O）」とある。彼女（メイベル）は結婚三年目の二十四歳。おそらく#はその年の通算性交回数を示すものにちがいなかろう。四月二十八日で通算一五回目、五月一日で一六回目の性交が行われたことになる（やはりこういうのを他人に読まれるのは恥ずかしい）。

ただ、#については多少問題がないこともない。たとえば、さかのぼって一八七九年三月七日、つまり、結婚式の二日後には「愛らしく穏やかな新婚の午後、Sem.8」というように、Sem. という記号も見えるからである。これはいったい何を表しているのか。著者のピーター・ゲイの推測によれば、この記号は本人にとっても一貫しておらず、結婚前はオーガスムに至るヘビーペッティング、結婚直後のみ性交を意味し、その後（夫の仕事の都合で別居後）はマスターベーションを表すのではないか、とされている。そう、この記号は二人が一緒にいないときにも出てくるのだ。しかし、若い女性がわざわざそんなわずらわしい操作をするだろうか。とにかくSem. は＃が出てくると登場しなくなるから、同じような意味を持つとは考えられるだろう。＃がその年の通算の性交回数であることはほぼまちがいない。やや少ないような感じがしないでもないが、平均して週一回ということになる。しかし、Sem. となると話はまったくちがってくる。その綴りから連想するのはいったい何だろう。おそらく性愛について限定するならば semen（精液）だし、もっと一般的には semi-（半分）ではなかろうか。しかし、semen ではあまりに露骨すぎる。文脈から推測すると、やはりマスターベーションを表していると考えるのが妥当ではないか。

しかし、一八七九年八月十一日には「Sem.16（a）」というようにも記されている。つまり、新婚五か月のうちに回数は八回しか進んでいないことになる。こちらは明らかに少なすぎる。やはり性愛行為の他に何かがプラスされたものと考えるべきではないか。また、先ほどの（O）も気になるが、この（a）もやはり気になってくる。必ずしも全部の＃やSem. についているわけでもない。ピーター・ゲイは（O）を「オーガスム」とし、（a）

をalone（一人で）の略、つまり「マスターベーション」の意味ではないかと推測している。果たしてそれらに対する一貫した解釈が可能なのかどうかはわからないが、ぼくからすると（O）はおそらく射精の有無を表しているのではないかと思われるし、（a）は「オーガスム」に近い意味合いでつかわれていたのではないかと思われる。

二十四、五歳の女性の気持ちになって考えてみよう。そうなると、結婚当初はSem.で性交およびマスターベーションの回数を記録し、射精の有無を（O）で確認したのではないか（もちろん妊娠した日を特定するため）。それが後になって簡略化して#で性交回数を記録するようになったのではないか。結婚したばかりの女性にとっては「オーガスム」よりも「妊娠した（かもしれない）日」を記録することのほうが、はるかに現実的なことだろう。ぼくが聞いた女の子も、「女性だったらそれを書かなくていったい何を書くの」という意見だった。それにしても、（O）にしたって射精が行われたときだけにしてはちょっと少なすぎるかもしれない。ただ、こちらはそうと特定できないまでも、好ましい性愛体験を意味する記号だと理解していいのではないか（「GOOD」?）。

そんなわけで、メイベルの克明に記載された性愛生活については、彼女が抱いた感情ばかりではなく、数値的にもある程度復元が可能であり、当時の若い女性の生き方がまざまざと伝わってくるようである。そして、いつの時代でも人間の営みにはそんなに大きなちがいはないということがわかるのである。

第四章　どうして不倫はいけないのか

不倫の歴史

ジャック・アタリらの『図説「愛」の歴史』は、愛の始まりから説きおこして、一妻多夫、一夫多妻、そして、一夫一妻制に至るまでの結婚制度の変遷を豊富な図版でたどっている。もちろん、愛そのものは結婚制度にすべて含みこまれるわけではない。単純化して述べると、愛は人間の情意と結びつくが、性は生物としての機能であり、その関係を統御するために結婚という制度・慣習が発案されたわけである。

愛を社会のなかで現実化するために結婚という制度は不可欠であったかもしれないが、実は、愛を構成する大部分はその制度の外へとこぼれ落ちてしまうことになる。ジャック・アタリも引いているように「一言でいえば、愛の中に愛以外のものを探すのはやめましょう」（エロイーズからアベラールへの手紙の一節）ということになる。それならどうして結婚をもとに章割りしたのかと突っ込みたくなるのだけれど、どんなに変遷を重ねても結婚という制度で「愛」を説明しようとしてもうまくいかないだろう。

なかでも、もっともよろしくないのが十八世紀以降の西欧の不倫をめぐる男女の葛藤で、これほど、その矛盾を露呈させたものはなく、それはいまの時代にも尾を引いており、はっきり言って人間を襲うもっとも大きな不幸の源泉の一つともなっている。**もともと人間は生きている限り人を愛するようにできている。一人の異性を選んだら他の相手を拒絶しなければいけないというほうがむしろ不自然だったのではないか。**

ここで、とりあえず『不倫の歴史』をひも解いてみよう。[*1] とりわけ十八世紀以降の歴史を振り返ってみたいと思う。十九世紀はご存じのとおり、ヴィクトリア朝と呼ばれる時代を中心に社会の規律に関してきわめて厳格に法や判例を適用しようとした時代で、それを犯す者は厳しく罰せられたのだが、十八世紀という時代はそれとは正反対の様相を示していた。十八世紀フランスの百科全書派は、「歓び」の項目で、人間は本来移り気なものであると述べ、「結婚」の項目では、子どもが成長した後の離婚は許されるべきだと提案している。ディドロは、貞節というのは単なる妄想にすぎないとし、「ほとんどの場合、われわれの周囲にいる真面目な男女が固執して苦しむもの」と定義している。嫉妬についても「貧しくけちな動物が失うのを恐れて抱く情熱」と呼んでいる。

「ルイ十六世治世の最初の十四年間、パリのシャトレ王立裁判所に妻の浮気の調査と裁きを求めて提訴した夫は四人しかいなかった」という。自由主義の風潮がもてあそばれた時代だった。妻を寝取られた夫（コキュ）は、そのことを世間に知られると大恥をかかされたものである。だから、彼らは黙ってすべて穏便に済ませようとしたのだった。しかし、表向きは重い罪の対象である不倫がそこまでカジュアルになると、つまり、不倫がほんの火遊びとなると黙って見過ごすことはできなくなってくる。

では、男の側はどのように対応したのか。多くの場合、妻を厳しく叱ったうえで世間には内緒にしておくケースが普通だったと思われるが、いずれにしても男の側からすると公になれば笑いものにされるわけだから、やっかいな立場に立たされることになる。もともとコキュ(寝取られ男)の語源はラテン語のカッコウ(coucou)から来ているという。カッコウは他の鳥の巣に自分の卵を産みつけた後、からかうような鳴き声をあげて欺かれた雄に警告を発するからだ。

シャルル・フーリエは『愛の新世界』(一九六七年)のなかで、コキュ(寝取られ男)をなんと六四種に分類している。「自分が疎んじられていることを知らず、妻を独占していると思っている嫉妬深い夫」(コキュ)、「夫婦愛に飽きてよそで戯れたいと思っているため、妻の行動に目をつぶり、子どもさえできなければいいと妻が弄ばれるのをすっぱり見捨てる夫」(コルネット)、「妻の浮気を知っていて、妻に無礼な態度をとることで運命に抗おうとしている嫉妬深い愚か者」(コルナール)などである。*2

罪の意識がまったくない貴婦人たちは、男性と平等の扱いを主張した。その道徳心のなさ、開き直った態度、図々しいほどの奔放さにティリー伯爵でさえもが懸念を抱き、一夜限りの相手との短い会話を振り返る。


「私をお捜しですか？」

「愉しみたいの」

「だれと？」

「気にいった人とならだれでも」

「何てことだ！」伯爵は思わずぞっとして叫んだ。

「殿方が好き勝手をなさって、わたしたちにはほとんどなんでも禁じるというのではとても滑稽なことではありませんか？」臆することなく彼女は言い返した。

「身を滅ぼしますぞ」

「あら、平気よ、中途半端な罪は命取りだけれど、徹底すれば大丈夫でしょう。みなさん、お信じにならないもの……」[*3]

しかし、フランス革命をはさんで十九世紀を迎える頃になると、事情はまったくちがってきて、男女関係はもっとずっとシリアスなものとなってしまう。先にも述べたとおり、いわゆるヴィクトリア朝の到来だ。この時代に書かれた文学の多くは不倫をテーマにしたものだった。フロベール『ボヴァリー夫人』、トルストイ『アンナ・カレーニナ』など、どれも許されない恋に落ちたヒロインの心のうちを描いたものである。いずれもが女の側の不倫を扱っている。

そして、その多くは男女ともに不幸な結末に終わっている。不幸な結婚をした妻に一切の逃げ道も許さないほど、その時代の法や判例は女性にとって厳しいものだった。それゆえに、多くの人々は結婚に対しても疑問を抱くようになっていった。そんな世の中に衝撃を与えたのがフロベール『ボヴァリー夫人』だった。

フロベール『ボヴァリー夫人』

エマ（またはエンマ。ボヴァリー夫人）は、さえない町医者のシャルルと結婚したのだが、退屈な毎日に耐えきれず、不倫へとのめりこんで身を滅ぼすことになる。よく知られた『ボヴァリー夫人』のあらすじだ。しかし、久々に読み返してみて、実際にロドルフとの不倫の恋に身をゆだねることになるまで長いためらいの時期があったことを思い出した。その時期に若い書記レオンとのはかない恋があったのだが、その時期のエマの心の揺れがなんとも美しい。しかし、なんと物語の後半でエマは偶然レオンと再会し、ついに二人は結ばれることになる。

そのシーンで次のような表現が出てくる。「エマはやさしい言葉と、レオンの魂をとろけさせるキスを心得ていた。奥深くかくされていて、ほとんど精神的といってよいまでになっているこうしたみだらさを、エマはどこでおぼえたのだろうか？」[*4]

女性の側の心の動きをこれほど的確に表現したものはなかなか見つからない。うぶな人妻だったエマと成熟した一人前の女性になったエマ、いけない恋と知りつつおそれとおののきを持ってレオンに接した若きエマといろいろな経験を乗り越えてきた後年のエマ。あなたはどちらのエマに魅かれるだろうか。

もう少し詳しくストーリーを追ってみよう。

田舎の町医者シャルルと結婚したエマは、自分が夢見た結婚生活とはまったくちがった現実に落胆し、沸き立つような情熱を持てあましていた。「結婚するまでエマは恋をしているように思っていた。しかしその恋からくるはずの幸福がこないので、あたしはまちがったんだ、と考えた。至福とか情熱とか陶酔など、本で読んであんなに美しく思われた言葉は世間では正確にはどんな意味でいっているのか、エマはそれを知ろうとつとめた」。そんなある日、侯爵家のパーティーに呼ばれたエマは、そこで見聞きしたことに大きな憧れを抱くとともに、夫に対するいらだたしさを感じ、心が沈みこむのを隠せなくなっていった。

妻の様子がおかしいと感じた夫シャルルはルーアン近くのヨンヴィル・ラベーという村へと引っ越すことに決めた。彼らはそこで薬剤師オメー、下宿人の書記官レオンらと知り合う。エマは新しい生活と出産が重なり、穏やかな日々が戻ってくるのを感じていた。さらに、そこで知り合ったレオンが自分に好意を抱いているのを知って幸せな気持ちになっていた。「そうよ、かわいいひと。ほんとにかわいいひと……あのひと恋をしているのではないかしら?」と心に聞いてみる。「だれを?……あたしを、だ!」

一方、レオンのほうはといえば自分が臆病で、告白する勇気もないことを恥じていた。しかし、そんな幸せな日々は長く続かなかった。レオンは仕事でパリへと赴任することになってしまったのである。

エマはまたすべてに幻滅し、悔恨の日々を送ることになるのだが、雇い人の治療に訪れた資産家ロドルフに目をつけられてしまう。「ロドルフ・ブーランジェ氏は三十四だった。はげしい欲情をもっていて、頭は鋭敏で、女の経験はたくさんあって、そのほうでは目きである」。エマは村で開かれた会合の際、森のなかでロドルフに誘惑される。

「雛菊が咲いていますよ」と彼はいった。「これだけあれば村中の恋をしている女に恋占いができる」

それから、「摘みましょうか？　どうです」

「あなた恋をしていらっしゃいますの？」エマはかるく咳をしながらいった。

「だってさ、そうかもしれんじゃありませんか？」とロドルフは答えた。

ロドルフの誘惑はかなり巧妙で、エマのような素直な性格の女性を落とすのはそうむずかしくないように思えた。「いつかは幸福にめぐりあえるものです」とロドルフは繰り返した。「ある日、突然に、もうあきらめて絶望しているときに、ね。そのとき、視野がひらけて、《幸福はここにいるよ》といった声のようなものが聞こえてくる。あなたはこの人に自分の一生を打ち明け、すべてをあたえ、すべてをこの人のために犠牲にしたくなる！」

ロドルフはエマの手を握りしめていた。彼はその手が、とらえられて逃げ出そうとする雉鳩のようにふるえているのを感じた。が、その手をはなそうとするのか、それとも男の手の握力に応じようとするのか、エマは指を動かした。

そんなわけで、ついにエマはロドルフの手に落ちてしまう。それからは毎日のようにラブレターを書き送り、人目を盗んでの逢引きにふけるようになる。彼女はようやく得られた恋人に熱中してしまう。しかし、そんな歓びも束の間、ロドルフは次第にエマがうっとうしくなってくる。彼女がついに駆け落ちを提案すると、彼は別れの手紙を書いて姿を消してしまう。エマはショックで病の床に伏せる。ロドルフのような男とつき合うにはエマは幼すぎたのだった。

夫シャルルとの夫婦生活もうまくいかないのに、さらに家計も苦しくなり、二人は気晴らしにルーアンの町に観劇に出かけることになる。そして、なんとそこでエマは書記官のレオンと再会し、かつての思いをぶつけあうようになる。もともと好きだったわけだから、レオンはエマの出現を喜んで迎えた。

初めて、レオンは女の優雅さの言葉にあらわしえぬ微妙なものを味わった。こんなに美しく品のある言葉づかい、こんなにつつましい好みの衣装、まどろむ鳩のようなこんな愛らしい挙止に出会ったことはなかった。彼はエマの興奮する魂と、スカートのレースにうっとりした。しかも、この女（ひと）は《上流婦人》で、そのうえ人妻ではないか！　ことにこれこそ恋人らしい女ではないか！　もともと移り気なために、ときによって思わせぶりだったり、陽気であったり、しゃべったり、黙ったり、興奮したり、なげやりになったり、こうして彼女は、たえずレオンに無数の欲望をよびさまし、いろいろの本能や思い出をよみがえらせた。

エマはピアノを習うと嘘をついて毎週のようにレオンに会いに行くようになる。その一方で、彼女は次々とぜいたく品を買いそろえていったので、どんどん借金が膨らんでいった。しまいには裁判所から差し押さえの通知が届く。すでにレオンとの愛も日常化して、お互いに飽きてきたところに、借金の問題がふりかかって、エマはレオンばかりではなくロドルフのところにまで金の無心に走りまわり、どちらからも援助が得られず絶望的になると、ヒ素を飲んで自殺を図り、ついには死に至ってしまう。結局、夫シャルルは何も知らないまま（あえて知ろうとせず）妻を気の毒に思いつつ生涯を終えたのだった。

いったいだれがいけないのか

ボヴァリー夫人の哀しい生涯を振り返ってみると、こんなことは氷山の一角だったにちがいないと思えてくる。フロベール（一八二一―八〇）のすばらしいところは、その顚末《てんまつ》を当事者の心理を克明に追うことによって復元したところにある。執筆当時、彼はルイーズ・コレという女性と恋に落ちており、二つの書き物に没頭していた。言うまでもなく『ボヴァリー夫人』の草稿と彼女への手紙とである。工藤庸子はそのやりとりを『ボヴァリー夫人の手紙』（一九八六年）のなかで克明に追跡しようとしている。「一八五〇年代前半に、フロベールは二つの重大なエクリチュールを経験した。『ボヴァリー夫人』を執筆し、そのかたわら三日にあげず愛人ルイーズ・コレに長文の手紙を送ったのである」*5。

フロベールとルイーズ・コレは、一八四六年に知り合った。アカデミー賞を得た美貌の女流詩人は当時三十六歳。一方、十一歳年下のフロベールは「神経の病気」のためルーアン郊外クロワッセに閉じこもって暮らす無名の文学青年だった。はた目にも不釣り合いなこのときの交際は、ルイーズが他の男性の子をみごもるまでほぼ一年半続く。

その後三年以上の空白があり、それから二人の愛が再燃することになる。彼らの関係が終わるのが一八五四年秋だとすると、ほとんど『ボヴァリー夫人』は彼女との愛の日々に書かれたことになる。ご存じのように『ボヴァリー夫人』は出てすぐに風紀紊乱《びんらん》罪で起訴されることになるのだが、その後無罪を勝ちとりベストセラーとなっている。それにしても、「この時期に書かれたルイーズ宛の手紙はプレイヤード版で五百ページ」というのだから、執筆に苦吟していたフロベールにとって手紙を書くという行為はいかなる役割を果たしていたのだろうか。

フロベールは自分の内面から浮かび上がってきた言葉で小説を紡ぐというタイプではなく、外界で語られている言葉を組み合わせて心理描写の代わりをさせるという方法を好んだ。そうした彼の意図からすると、彼女との手紙のやりとりは作品の血となり肉となったにちがいない。そう思って読んでみると、心に響くシーンがいくつもある。たとえば、「エンマは二日後にロドルフと駆落ちするのだと信じ、一方のロドルフはエンマを捨てる決心をして、ふたりが最後の夜をすごす場面」はとりわけ切ない。「川岸で語り合う恋人たちの耳には、『熟れきった桃の実が、塀にはわせたその枝からぽたりとひとりでに落ちる』音が聞こえてくる」。

なんとも言えないシーンである。その後、ヒロインが絶望的になる様子が手にとるように想像されるだけに痛ましいことこのうえない。最後に自殺に追い込まれるまでエマは自分ではどうしようもない苦しみに耐え抜かなければならなかったのである。

たしかに十九世紀の西欧では、不倫に苦しんだ女性たちの多くが自殺したり、修道院に救いを求めたりして、だいたい悲惨な結末へと追いやられていった。これは当時の文学が好んで描いたテーマだったし、「婚外セックスを扱っている作品を排除したら、西洋文学の膨大なリストは事実上からっぽになってしまうだろう」[*6]とも言われている。**社会がそんなに大きな矛盾を抱え込んでいるとしたら、むしろ悪いのは罪を犯した人間のほうではなく、罪を犯さざるを得なくした「倫理」のほうではないかと思えてくる。**

では、現代ではそれはどのように描かれているのだろうか。

「運命の女」(ファム・ファタル)

ファム・ファタルというといったいどのような女性を連想するだろうか。第二章に登場したフリュネー（ヘタイラ）や伊藤野枝のような存在もそうだけれど、いつの時代にもその奔放な性格で後世にまで名をとどめるヒロインがいる。彼女らこそファム・ファタルにふさわしいのではなかろうか。世紀末に登場したルー・ザロメ、カルメン、ゾラの描いたナナ、椿姫、マタハリ、サロメから、ロリータ、谷崎の描くナオミに至るまで、やはりそこに共通するのは魔性の女といったイメージだろう。彼女らは必ずしも絶世の美女というわけではないが、つねに官能的（誘惑的）な魅力をそなえ、男たちの視線をとらえて離さないのであった。

以前、ある雑誌から「あなたにとってのファム・ファタルは？」という質問を受けたことがある。そのときにはややシニカルに、「むしろ、ふと出会って何もなく終わった相手にしばしばそれを感じることがある」と答えた記憶がある。ちょっと前に町田康さんが「往来を通る婦人の七割に恋愛感情に近いものを感じる」と書いていたのを読んだことがあるのだけれど、ぼくも三十代の半ば頃までは出会うほとんどすべての女性にほのかな恋愛感情を抱いていたのだった。いまでもそれはあまり変わらないかもしれない。出会って、ほとんど会話も交わさないまま、そのまま別れるとなれば、彼女の不可解な魅力はずっと心にとどめておかれることになる。しかし、お互いに素性を知りすぎてしまうと、最初に感じたときめきはいつのまにかどこかに消えうせてしまう。相手を知らないというのも大事なことなのである。

もちろん、恋をするとなんとかして相手のことが知りたくなるというのは当然のこと。相手の好きな食べ物は何？　どんな仕事をしているんだろう？　お金持ち、それとも、貧乏なのかな？　どういう暮らし方をしているんだろう？　しかし、果たしてそんなことによって本当に相手のことがわかるというのだろうか。むしろ、最初に出会ったときに何の先入観もなく「知った」（と思った）ことのほうが、話を通じて知識として「知った」ことよりも、本当に相手を知ったことになるのではないか。最初に相手から伝わってきたものの、ちょっとしたインスピレーションみたいなもの、言葉にできないもの、そう、もっとも大切にしなければならないのはそちらのほうではなかろうか。

そういう意味では、すべては第一印象で決まると言っても過言ではない。見知らぬ人は怖い。でも、見知らぬ人にはそれと同じだけ人を魅きつけるものがある。なにか得体の知れないものには自分たちを変えてしまう力がひそんでいる。おそらくファム・ファタルもそうした存在として理解することが可能であろう。成熟した女であるとともに幼い少女であり、情熱的かと思えば思いやり深く、わがままに振る舞っても人々を導くようなオーラが彼女を包み込む。相反するものを内側に抱える彼女は永遠に理解不可能な存在なのである。

だれもが彼女を攻撃するが、それは彼女のなかに自分たちがもっとも望むものが見え隠れしているからにちがいない。

ひそやかな欲望が情事に発展するとき

映画「運命の女」（二〇〇二年）。このタイトルは正確な邦訳ではなく、原題は「不貞（不実）な女」といったもので、ほんのちょっとした出会いが、良妻賢母の典型とも思われたコニー（ダイアン・レイン）を不倫の嵐のなかへと巻き込んでしまう。これまでの「不貞」という語感から来るものとはちがって、どうしても彼女が悪いとは思えないような設定となっている。しかし、コニーの場合、いったいどこがちがうのか？

ニューヨーク郊外で暮らすエドワード（リチャード・ギア）とコニーは結婚一一年目。ある風の強い日、九歳になる息子チャーリーの誕生日プレゼントを買いに街（ソーホー）に出る。エドワードは自分で会社を経営するやり手のビジネスマンで、しかも、愛妻家。コニーには不満らしい不満は見当たらない。それでも不倫に走るとなると、どうしても責められるのはコニーのはずなのに、アンケートをとってみたらコニーが悪いとしたものは10%に満たなかった。それならむしろエドワードのほうに問題がありそうだという意見が出てくるのが普通だが、エドワードも注意深く非の打ちどころのない好人物として描かれている。では、なぜ彼女は不倫ゆえに非難されないのか。

コニーは、芸術家が多く住むソーホーで強い風にあおられて、ブック・ディーラーの青年ポール（オリヴィエ・マルティネス）とぶつかり転倒する。膝をすりむいたコニーは治療のためポールの部屋に招かれるのだが、彼の誘惑的な眼差しと魅力に動揺し、すぐに部屋を出る。しかし、コニーの心に生まれたひそかな情熱は、もはや引き返せない情事へと発展していく。エドワードは、そんな妻の変化に疑問を抱きはじめる。

出会いは突然訪れる。女が自分では想像できない生活を送っている男に魅かれるのは当然のことだろう。ポールがそんなに豊かではない暮らしをしているのは一目瞭然だが、それでも、部屋をいっぱいに埋める書物を眺めていると、そこには限りなく豊かな世界が広がっているように思えてくるのだった。

人生は本当に紙一重だと思う。もしもあの日ソーホーへと出かけなかったら、強風ではなかったら、もしタクシーが拾えていたら、彼女の運命は変わっていたにちがいない。人生ではささいなきっかけから思いもよらぬ世界へと入り込んでしまうことがある。それをあざやかに描き出してくれるのがラブストーリー。だれがいいとか悪いとかいう問題ではない。なんにしても強い思いは平凡な日常をはみ出させる力を持っている。果たしてだれがそれを「悪いこと」だと断定できるのか。

だれかを不幸にしてはいけない、普通そう思わない人はいない。しかし、どうしてもそうせざるを得ない事態も起こりうる。人生はそう簡単に割りきれることばかりでできていない。もしAとBどちらかを必ず傷つけなければならないとしたら、そのときあなたはどう振る舞うべきなのか。コニーは三度目の来訪の際、ついにポールと結ばれてしまう。これまでの彼女とは別世界に住む彼のアーティスト的な風貌、知的センス、本で埋め尽くされた部屋、その生活ぶりを見たら、どうしても好奇心を抑えられなくなるだろう。こうなると、物語がたどるべき道は二つしかない。おそらく感想も二分されてしまうにちがいない。「こんなすてきな夫がいて不倫なんてありえない」という感想と、「なんてすてき、こんなことわたしの身にも一度くらい起こらないかしら」という感想。

いずれにしても、恋が始まるには、さりげない接触、匂い、声、ちょっとしたアクセントの響きなどがきっかけとなるケースが多い。だからダンスは危険このうえない。「運命の女」でもポイントとなるシーンといえば、まずポールがケガをしたコニーの傷口にだしぬけに氷の包みを押しつけるシーン、彼女の指に自分の指を重ねて点字を読むシーン、彼が本の一節を暗誦するシーン、コートを脱がせる指先、ダンスを踊るシーンと続く。ダンスのときの音楽「Exit Music」(トム・ヨーク)は彼女にとって忘れがたい印象を残す。

もしかしたら不倫はだれにとっても避けられないことかもしれない。それは愛にとってまったく例外的な事柄というわけでもなさそうだ。多くの人はそこで初めて人生が苦渋に満ちたものだということを知らされる。コニーも逡巡《しゅんじゅん》を重ねるが、どうしてもポールのことを忘れることができない。ある日、ソーホーに出かけたコニーは彼のアパートのすぐ近くで女友だち二人とばったり出会う。彼女らの誘いを断りきれずに一緒に近くのカフェに入る。そこから「いまどこにいると思う？　アパートのすぐ前の店なのよ」と彼に電話するコニー。そして、女友だちが店にいるのに、そこに現れたポールと奥のトイレで激しい愛を交わす。

こんなことをしていてはいけない、そんなことはわかっている。わかっているけどやめられない。それが生きることの本質でもある。何不自由ない生活ほど退屈なものはない。

それは何もかも決められた人生と同じこと。コニーは一見幸せに思える生活に心の底ではすっかり退屈していた。そして、いったんポールと出会ってからはどうにもならない状態に陥ってしまう。夫のエドワードもポールもどちらも自分にとっては必要なのだ。こうなってみると、いつか終わりが来るのはわかっている。どちらかを選ぶしかない。**運と偶然とはちがう。運は人間の心の動きにしたがって大きく変化する。扱い方をまちがえると取り返しのつかないことになる。**映画では、夫はコニーの相手の男と会って、なんと誤って彼を殺してしまう。とても想像ができない事態がやってくる。

コニーとポールの情事

ちょっとした情事が幸せな家庭をめちゃくちゃにする。「これはハリウッド映画でよく見られる筋書きだ。主人公が浮気をすると、情事の大きな代償として、つまり不倫が不幸をもたらすたしかな証拠として、だれかが死ななければならない（かならずしも浮気をした本人であるとはかぎらないが）[*7]」。とにかく、ハリウッド映画というのは、主人公が社会のレールをはずれると必ず懲らしめられるという意味でなんといっても「道徳的」なのだ。実際にはそんなふうにはならないことが多いはずなのに、あくまで社会の木鐸《ぼくたく》としての教訓を垂れ流す。まあ、彼らのために一言弁護しておくと、そういう結末にならないとドラマにならないというのが本当のところなのだが。

この映画で大事なことは、明らかに彼らは不運な事態を招き寄せてしまったわけだが、では男と不倫したことがいけなかったかというと、そんなことで簡単に片づけられる問題ではない。不運を招いた原因などいくらでも列挙できる。たとえば、夫が仕事一辺倒で家庭を顧みなかったとか、妻があまりに退屈な日常に我慢ができなくなったとか、以前に友人のカレを奪ったからこうなったとか、いくらでも原因になりそうなことはある。だれもが完璧に満足した日々を送っているわけではないからである。

しかしながら、この映画はよくできていて、夫に非があるとか、お金に困っているとか、どうしようもなく不幸な毎日を送っているとかいう他のさまざまな言い訳を封じている。まさか夫が殺人を犯すとまでは想像できなかっただろうが、そういう結末にならなければ、忘れがたいアヴァンチュールの一コマとして記憶されることになっただろう。不倫というのは、けっして推奨できるものではないにしても、そうした衝動はだれの心の底にもひそんでいるわけで、それが人間にとって切っても切れないものであることはすでに述べたとおりである。

ただ、この映画に代表されるように、最終局面でのコニーの強さ（「なんとかして生きるのよ」）、それと対照的な夫エドワードの心の弱さ（「ぼくは自首するよ」）は、やはり不倫をめぐる葛藤が単にこれまでのように女性の罪（「彼女がふしだらだったからだ」）とばかり言えなくなっている昨今の状況を反映しているかもしれない。二十世紀も後半になると、不倫はむしろ男にとってシリアスな問題として襲いかかってくるようになる。彼らは、懊悩《おうのう》し、迷い、その果てには自殺に追い込まれたりすることになる。

人間にとってセックスは本来もっとも祝福すべき事象の一つであろう。それをムリに抑圧し、偏狭な道徳規範のもとに閉じ込めようとすると人の不幸の大きな原因となる。いかなるものであれ、愛を断罪することはけっして好ましいことではない。できるだけ人々が多くの愛に包まれるようにしなければならない。それには果たしてどのような道が可能なのだろうか。

なぜ自然界の雌はそんなにも頻繁に交尾を行うのか

カップルコンサルタントの西郷理恵子さんのブログを見ていたら、次のような相談が載っていた。

「結婚するまでは、結婚相手さえいれば安泰と思っていました。震災後も、夫とは人生観が合い、本当にかけがえのない存在だと感じました。夫との関係に不満があるわけではありません。でも、久々に独身の女友達たちと会って恋愛やセックスを謳歌しているのを聞いて、悶々としている自分に気付きました。もう一生、他の誰とも恋愛しないのだと思うと、私の中の『女』の部分が疼くんです。子どもができたら、育児に没頭してそんなことも思わなくなるものなんでしょうか。やっぱり、いつ何が起こるか分からないなら、一度の人生を楽しみたいとも思うのです」(32歳主婦)

それに対する彼女のコメントはやさしい。「人には、『特定のパートナーとの関係や絆を深めたい』と安定を求める気持ちと、『特定または不特定多数のエロスを感じる相手と交わりたい』と刺激を求めようとする一見相反する欲望が存在します。一人もいないのはイヤだけど、完全に二人だけの関係で閉じられてしまうのもつまらない。傍から見れば、わがままで贅沢な欲望です。でも、これも多くの人にとっての本音かもしれません」。

さらに彼女は別の箇所で次のようにも書いている。

「浮気は男の特権でしょうか？　男性の浮気や豪遊に関しては、生物学的に、精子をばら撒く使命があるので、やむを得ないと語られてきました。しかし、動物行動学の調査では、強い遺伝子を得るために、メスもオスに負けず劣らず、浮気をしていることが多くの種類においてみられています」。これまで生物学的には、オスはなるべく多くのメスに精子をばらまく使命があるけれど、メスはできるだけ慎重によりよい精子を選別する本能がある、というように説明されてきた。たしかにそういう側面もあるが、それで説明しきれないところもある。この問題をさらに敷衍《ふえん》していくと、自然界において、「なぜ雌はそんなにも頻繁に（必要以上に）交尾を行うのか」という問題にたどり着く。

それについては遺伝学者A・J・ベイトマンの古典的研究があり、いまでもたびたび引用されている。小さな容器のなかに少数のミバエの雄と雌を入れ、その性行動を観察した結果、「一度の交尾の繁殖成功率は、雄と雌でかなり一致していた（全く同一というわけではない。と言うのも、メスの繁殖成功率はほとんどの場合、最初の交尾によって一気に跳ね上がるが、雄の場合は、交尾の相手がすでに受精していたりして、必ずしもそうとは言えないからだ）」。ベイトマンの発見は、最初の交尾以降、雄の繁殖成功率は当然交尾回数に応じて増加するが、雌の場合でも、一度受精してしまうともはやそれ以上受精できないはずなのに、卵を受精させるのに必要な回数をはるかに超えて交尾を行っているという点である。

アメリカチョウゲンボウは、一回の産卵のために、七〇〇回近くも交尾する。雌ライオンは、四日間の発情期のあいだに、平均して——昼も夜も——十五分に一回交尾する。一般に、このような頻繁な交尾が見られる場合、誘いをかけるのは雌のほうである。インドカンムリヤマアラシは、発情期、妊娠期、および授乳期のあいだ毎日交尾するが、この種の雌が受精可能な時期は発情期全体のたった一パーセント程度に過ぎない（妊娠期や授乳期にはまったくゼロである）[*8]。

どうして受精とまったく無関係な性交がいずれの場合にも数多く行われるのかという問いにはもちろんさまざまな説明が加えられている。その多くは「雌雄の絆を維持もしくは強化するため」というものだった。しかし、もしかして、それ以外の目的もあったのではなかろうか。たとえば、雌にとって、生殖行為を離れても交尾が必要であったのは、もともと雄が精子をばらまくのと同じくらいなにより交尾こそが最優先だったのではないかという説明である。

これまで男と女の違いばかりに目を奪われていたが、もしかしたら男と女のあいだにはそれほど大きな違いはないのかもしれない。

第五章

窮極の贈り物

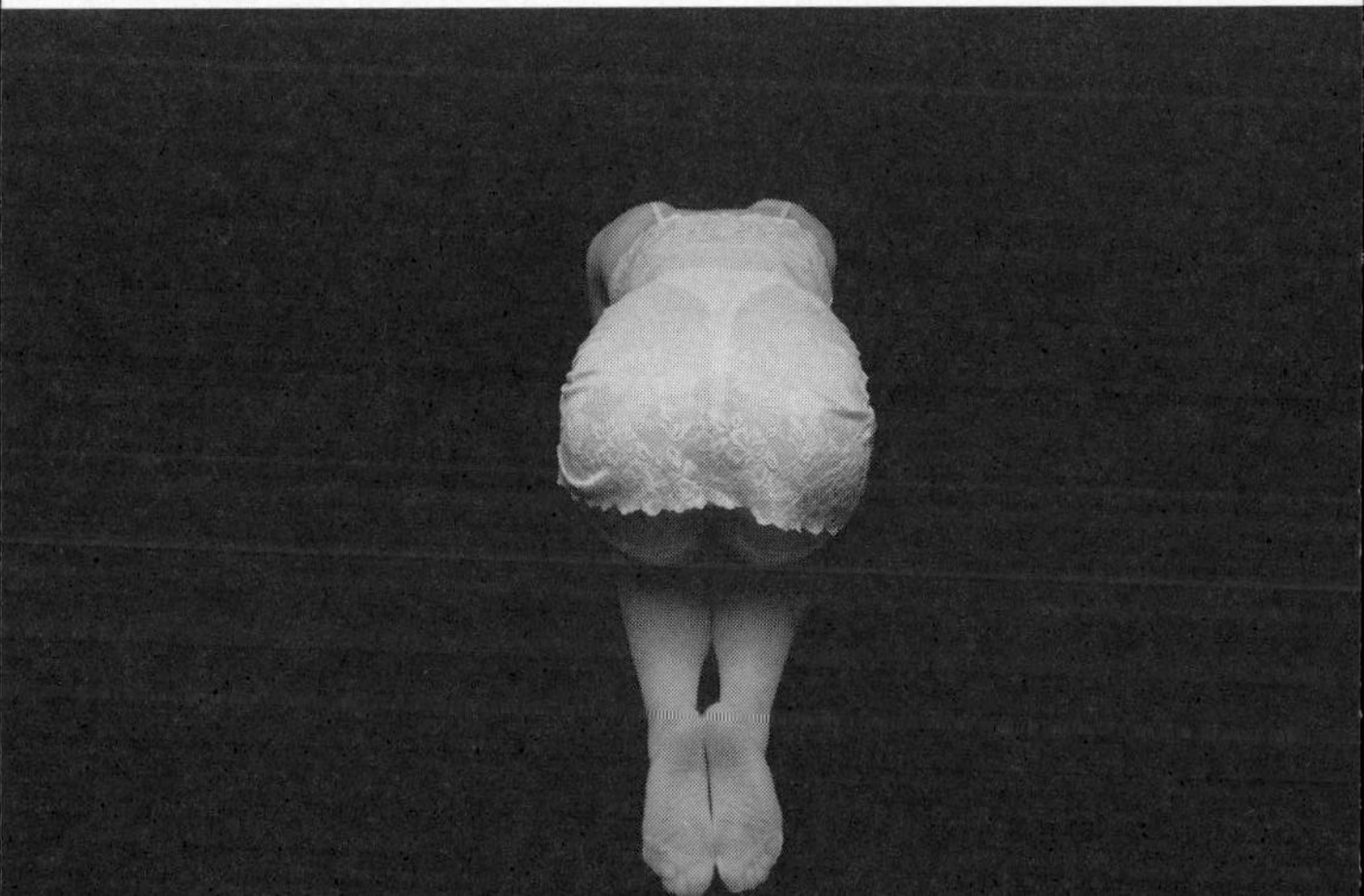

窮極の歓びとは与えること

マルセル・モースがほぼ一〇〇年前に書いた「贈与論」（一九二五年）は、このところまた脚光を浴びているようである。[*1] 彼の問題意識は、「未開社会では交換は取引のかたちではなく互酬的な贈与のかたちで行われる」というものだった。いまでは当たり前だと思われている「交換」という経済的概念は、かつては「贈与」という概念の下にあったという。交換ならわかる。なぜ贈与なのか。モースも「受け取った贈り物に対して、その返礼を義務づける法的経済的規則は何であるか。贈られた物に潜むどんな力が、受け取った人にその返礼をさせるのか」と問いかける。もらいっぱなしの人間が現れたら贈与経済は成立しないからだ。

モースは「贈与論」の冒頭で「われわれは、このような道徳と経済が今もなお、いわば隠れた形でわれわれの社会の中で機能していることを示すつもりである。また、われわれの社会がその上に築かれている人類の岩盤の一つがそこに発見されたように思われる」と宣言する。実際、われわれの社会にはいまもさまざまなかたちでの「贈与」が存在している。お中元、お歳暮、結婚式の祝儀、葬式の香典、入学（進学）祝い、出産祝い、お年玉、クリスマスプレゼント、バレンタインデーのチョコレート、田舎から送られた野菜のおすそ分け、等々。それらがいまだに大きな働きをしているのは明白な事実だ。

基本的に人と人との物のやりとりは資本主義の経済原則にそってなされると考えられている。ところが、モースはそれ以前に人々がなじんでいた経済原則があって、それを贈与行為と定義したのである。そこで引用されるデータはさまざまだけれど、もっとも重要なのが「クラ」と「ポトラッチ」であろう。

クラとは、マリノウスキーがトロブリアンド諸島で調査したもので、島々を円環状に結ぶ交換制度である。ムワリ（腕輪）とスーラヴァ（首飾り）がそれぞれ逆回りに島々を循環する。その際、儀礼的な歓迎を受ける。クラは贈与であって、すぐに相手に返礼を求めることはない。いったいなぜそのような贈与の交換が行われるのか経済的にはよく理解できないが、社会的にはそれがお互いの社会の紐帯《ちゆうたい》を強める役割を果たしているという。ちなみにクラとよく比較される一般的な経済的交換行為（利潤の追求）はギムワリと呼ばれている。

ポトラッチとは、地位や財力を誇示するために高価な贈り物をすることで、それに対して相手もさらにそれを上回る贈り物をしなければならない。そうやって互いに応酬を繰り返すことになるのだが、次第に激しさを増すとそれぞれ自分自身の富の破壊にまで及ぶことがある。たとえばバリ島での葬儀は、村人たちが数年かけてためた私財をすべてなげうってなされる。一種のお祭りとまちがえるほどに陽気で楽しげに見えるが、普段の質素な生活ぶりからすると蕩尽《とうじん》の極みと言っていい。

なんら見返りを要求されない贈り物に対してなぜお返しをせざるを得なくなるのか。この問いに対してモースは、「贈られる物の中に何か特別な力が宿っていて返礼を強制するからだ」と回答する。それがマオリ族の言う「ハウ」(物の霊)である。これについてはクロード・レヴィ゠ストロースらによる厳しい批判もあるのだが、まんざらおかしいとも思えない点がある。

というか、われわれの社会が資本主義経済の市場主義ですべて説明されるとは思えない。社会はそれほど冷たい打算のみで動いているわけではない。贈り物に「霊」(ハウ)とは言わないまでも経済的価値に還元できないなにか特別な力が加わってしまうのは避けられない。では、「贈与」をめぐるビジョンはどうやって成立するのだろうか。ここで重要なポイントは「自分のものだから人にあげられる」という点であろう。贈り物が行ったり来たりするときにむしろ強調されるのは自己と他者の区別であり関係なのである。物にこだわらない気前よさを示すためには、まずそれが自分のものだという認識がなければならない。

そうした例は、日本国内を見わたしてもいくらでもある。だれかにあげられる贈り物というのはもともと自分のものだけである。他人のものは与えることができない。たとえば、年配の女性だったら当然のことだが、急な来客でお茶を出すときに買い置いていたお菓子を切らしている場合、近所からの頂き物を（黙っていればわからないものを）わざわざ「頂き物で申し訳ないのですが」などと言って出すことになる。なぜ、どちらも自分のものなのに、デパートで買ったものはよくて、だれかから貰ったものはまずいのか。

こうしたことが男女関係にも同じように当てはまると知ったら、みなさんはいったいどう思われるだろう。

歓待の掟

かつて、「歓待」や「贈与」についてニューヨークで一年間講義をしたことがある。そのときは、究極の贈り物として、「自分のもっとも愛する人を他人に与える」というテーマだった。それは愛について考えるときに避けて通れないものだと思ったからだった。南太平洋の贈与習慣「クラ」「ポトラッチ」がお互いの気前よさを競うものだという議論から、「与えることで所有が明らかになる」という問題へと切り込んでいったのだった。人類学とは言うものの、次第にクロソウスキー、フーリエ、サド、ポーリーヌ・レアージュらの著作を扱うことが多くなっていった。そして、それは自然の成り行きだった。

愛していないものは与えるに値しない。では、いったい与えると何が得られるのか？また、男が別の男に愛する女を与えて直接の見返りも求めないとなると、いったいなぜそんな不合理な行動に走るのか。完全な贈与。そんなものが果たして成立するのだろうか。資本主義とは私的な利潤追求を目的とする経済活動と考えていい。そうなると、「贈与」や「歓待」はどういう位置づけになるのだろうか。そんなことをする人間は単なるお人好しと呼ばれるだけではないのか。

しかし、そうした習慣は事実上ほぼすべての社会で行われていたことがわかっている。かつてのヨーロッパ、アジア、アフリカの社会でもそうだったようで、それを記録した文書も数多く残されている。ここではいくつか有名な例を示しておきたい。[*2]

たとえば、古代ローマのタキトゥスの『ゲルマーニア』（九八年）のなかにも次のような記述がある。「歓待にかんして物惜しみせぬこと、この民族のごときはまたとあるまいと思われる。その何人たるを問わず、これに対して宿を拒むことは瀆神《とくしん》の行為とされる。……食糧の蓄えが尽きれば、いままで客をもてなしていた主は、客を連れて近所の家に赴き、次の主を紹介する」。見知らぬ人はもっとも大事な存在で、その相手によって自分が主人であることが改めて確認されるのである。

マルコ・ポーロの『東方見聞録』（一三〇〇年頃）では、モンゴルのガインドゥ地方の住民たちの風習について次のように報告されている。「彼らの家へ見知らぬ人が一夜の宿を頼みにくると、主人は喜んで迎え、その人の欲するところは何でも容れるように妻に命じる。それから、主人は外に出ていってしまい、見知らぬ人が立ち去るまで帰宅しない。したがって、客は望むだけそこに滞在し、その妻と楽しむことができる。……彼らはそれを大変な名誉と考えていて、少しも恥じることはない」。客人こそ主人であり、主人はその地位を見知らぬ人に譲ることになる。その地位を譲ることは主人以外にはだれもできないことなのである。

こうした記述はコロンブスの日記にも発見できるが、十八世紀フランスの百科全書派のディドロの『ブーガンヴィル航海記補遺』（一七七二年）にも、次のような一節がある。未開人オルーは、探検隊付き司祭に、自分の家の女性たち――彼の妻そして三人の娘――の一人と一夜をともにするように持ちかける。彼はまさに床につこうとする司祭（フランシス修道会のラヴェス神父）に向かって、裸体の妻と三人の娘を連れて現れ、次のように言う。「――晩めしはすんだ。あんたは若いし、健康も申し分ないお方だ。ひとり寝じゃ、寝つきが悪いでしょう。男には寝床の相手が必要だ。こっちはおれの女房、そっちはおれの娘、どれでも気に入ったほうを選びなさい。だが、どうだろう、まだ子どもを生んだことのないこの末娘を選んでいただけるようなら、わしとしてはありがたいのだが」

司祭は答える。「自分の宗教、職分、良俗、体面はかかる申し出を受け入れることを自分に許さない」と。それに対して、オルーはやり返す。「あんたが宗教と呼ぶ代物がなんだかおれにはよくわからないよ。しかし、そいつはずいぶんへんてこなものとしか考えようがないね。だって、自然という一番えらい支配者がみんなにすすめてくれる無邪気な楽しみを味わっちゃならないというんだからね。……あんたが職分と呼ぶ代物もなんだかおれにはさっぱりわからんね。いまの場合、あんたの一番の義務は、男らしくやる、人の親切はありがたく受ける、ということじゃないのかね」。そう言って、さらに、「まあ、ごらんなさい、ここにいるみんなの心配した顔を。あんたのせいなんだよ。この女たちは、あんたにあらを見つけられ、それで軽蔑されているんじゃないかと案じているんだよ」とつけくわえる。

それに対して、司祭はひたすら自分の宗教が、職分がそれを許さないのだと言うばかり。彼は神であってもここまで切実な誘惑を自分に課したことはなかったと思う。末娘のティアはついに口を開く。「ねえ、お父さんを苦しめないで、お母さんを苦しめないで、あたしを苦しめないで！　この小屋で、あたしの家族がいるところで、あたしに名誉を与えてちょうだい。あたしを姉さんなみに引き上げてちょうだい」。まだ若く素朴な探検隊付き司祭は彼女の手を握りしめた。彼女は泣き、みんなは部屋を出ていった。二人はぽつんと残され、だけど、わたしの宗教が、職分が、と言っているうちに、いつしか眠ってしまい、翌朝になってその若い娘と添い寝している自分を見出した。みんなは彼を祝福したのだった。

人間の頭に思い浮かぶどんなにとっぴな考えでも、どこかで公然と通用していないようなものはない。そうしたバックグラウンドがなければ、オルーの家族の振る舞いは理解できないだろう。個人の財産を守るというよりも与えてしまうことが好結果を生むのだ。たしかに「掟」（ルール）さえ確立されたら、いっそう好ましい社会ができ上がるにちがいない。たとえば夫婦交換（スワッピング）もその一つ。

多くのヒト集団のなかで、男は日常的に妻を交換し合っている。エスキモー族、クマナゴト族、アラウカン族、クロー族のあいだでは、客人への歓迎として主人の妻を貸す。そして、シベリアのチュクチ族は組織的な妻貸与のパターンを作り上げており、遠くから来た旅人に暖かい寝床と楽しい一夜を提供できるようになっている（このシステムに対して妻たちがどう思っているのかは記録されていない）[*3]。

妻たちはそれを歓んでくれているのだろうか。もしそれが単なる義務だとしたらはなはだ困ったことになる。いかなる禁欲的な社会においても、その制約はもっぱら妻のほうに向けられてきた。夫のほうに婚外交渉を禁じている例はきわめてまれだ。しかし、二十世紀に入って男の立場が相対的に低下していくと、しばしば男女の立場がひっくり返ることになる。

どちらが主人公か

クロソウスキーの『ロベルトは今夜』（一九五三年）はかなりセンセーショナルな設定とな

っている。[*4] 妻ロベルトは、神学者の夫によって、他のすべての見知らぬ男たちに身をゆだねるように仕向けられる。夫はすでに六十歳を過ぎており、神を信じようとしない妻に罪を犯させ、それによって、逆に戒律の存在を認知させようとしたのである。そう書くとむずかしそうに聞こえるが、要するに、夫オクターヴは、自宅を訪れる男を相手かまわず妻ロベルトに近づけて、不倫の関係を結ばせたいという欲望を抱いている。それはそのまま神学論争と重なることになる。

いまでは、そういう性癖を持った人々がたくさん名乗り出てきて、自分の経験を語りはじめているが、さすがにいまから六〇年前にそんなことをあえて表明する者はほとんどいなかった。クロソウスキーは同一のテーマを日記風に書いて、『ナントの勅令破棄』（一九五九年）という題で発表しているが、ほとんど同一のテーマを谷崎潤一郎も『鍵』（一九五六年）で描いている。こんな偶然があっていいものだろうか。さすがに谷崎は神を持ち出すこともなく淡々と男女の感情の機微を描いているのだが、そうなると世間はただの変態と受けとってしまうようで、彼は『鍵』を失敗作だとして多くを語らなかった。

クロソウスキーの場合も、その動機はともかくとして、見知らぬ客に自分の妻を与えることを歓びとすることには変わりはない。それゆえ彼は次のように自分自身に問うことになる。「このぼくには老いらくの日々の伴侶として、ひとりの女性がいる。彼女の魅力は万人が一致して認めるところだ。それなのにぼくは、彼女を下賤な連中の慰みに供しなければならないのか？　彼女を共通の価値として扱ったところで、ぼくに何か得るところがあるだろうか？　彼女を未来の財宝の幻影として人目にさらしたがために、このぼくは罰を受けるのではなかろうか？」と。

妻は夫のたくらみを知りつつ彼の思うとおりに振る舞うのだが、その結果罪の意識に悩むどころか、たちまち肉体的な快楽の虜となってしまう。そして、オクターヴにとって悪徳と思われていたものが、ロベルトにとっては美徳へと昇華されていく。ストーリーは夫の意図するところから離れて意外な結末へと導かれていく。

このクロソウスキー『ロベルトは今夜』を自由に翻案して書いた山口椿『ロベルトは今夜』（一九八九年）は、同じく神学者である夫によってすべての男たちのものになるように仕向けられた若い妻ロベルトの物語として描かれる。彼はクロソウスキーが取り組んだ神の戒律の存在証明といった形而上学的な問題意識をあえて捨象してしまう。彼のロベルトは語る、「あなたの狙いは何なのですか？　わたしが男に抱かれながら、否応のない快楽にけいれんするのを見ること？　それとも、それによって引き起こされる狂おしい嫉妬があなたを酔わせるの？＊5」。

　つまり、男の視点から女の視点へとストーリーを反転させてしまうのである。たとえば、クロソウスキーは、あるインタビューに答えて、「見る者は、犠牲者やサディストを傍観する立場に立つこともできるし、あるいは反対に、自分が犠牲者となっている場合を想像することもできる。抱きしめる腕を自分のものとするか、この触られている

クロソウスキー

『ロベルトは今夜』

尻を自分のものだと考えるか、それを選択するのは見る者なのです」と語っている。それとまったく同趣旨のことが、山口椿氏によると次のようなロベルトのセリフとなる。「わたしのお尻に、うしろからつきつけられるペニスを払いのけようとする手は、女の手なんだけど、自制を失い、ぬるぬるしたペニスをつかんで、わたしのなかに迎え入れようとするわたしの指は、《男性的》なのです」。

これは、**いまやセックスの主人公は女であるという宣言である。**男は、彼女に襲いかかる連中の側に立ってともに女を犯す存在であったり、彼らに犯される最愛の女の側に立って一緒に辱めを受ける存在であったりしつつ、右往左往しながら、なんとかしてその歓びをかすめとらんとするばかりなのである。

妻に自分をたくす男たち

かつてはとんでもない変態とされ、あまり告白する人もいなかったのだが、現在ではかなり多くの人々がクロソウスキーの願望を自分のこととして確かめようとしている。もちろん、むずかしい議論はすっ飛ばして、ただひたすら自分の最愛の妻や恋人が他の男たちに抱かれるのを見たいという昏《くら》い欲望の虜となっているのである。いまやそんなブログやサイトも大流行りだけれど、そのなかから一つだけ引用してみたいと思う（プライバシーの問題でやや表現を変えたところもある）。たとえば、次のような告白。

妻がＳＥＸした十七人の中でデート型というのはＡを含めて六人。あとの十一人中九人は３Ｐというかたちで、わたしの目の前で犯されました。残りの二人は、まず三人で会い、お酒を飲んだあと、妻を相手にあずけて自由にやってもらうというパターン。妻と男がホテルに入ってから妻が解放されるまで、ずっと一人で飲みながら待っているのです。この二人のうち一人の方からはＳＥＸ中の会話が入ったテープをもらいました。彼女は男の精液を飲まされていました。もう一人からは妻をデジカメで撮ったＣＤをもらいました。予想外なことに中出しの画像までありました。

妻が犯されるのが見たいというのならともかく、男とホテルに入って出てくるまで一人で待っているというのは、一般的にはあまり理解できないことかもしれない。しかし、最初は目の前で妻の反応を見るのが楽しみだったはずが、次第に自分がいないところで妻がどう反応するのか知りたくなってくる。相手の男も自分がいなければ妻とはるかに過激なことができるだろう。そんなことを考えて過ごすのが彼にとって愉悦の時なのである。


今回は尾行の話。わたしが尾行したのはデート型の六人の中の三人です。妻が淫乱になるきっかけとなったAには三十五歳の年末にはじめて抱かれて、Aの女になると約束させられたのですが、いよいよ二回目のデートの日がやってきました。その数日前に彼女から「今度Aと飲んでくるから」と伝えられました。

「その日はAとSEXするの?」

「わかんないけど、でも、たぶんするかな」

「Aはきみのことオレの女気どりじゃないか?」

「かも。ケータイで待ち合わせのこと言ってきたときも、あたしが来るのは当然ってカンジだったよ」


そうしてデートの当日がやってくる。彼はずっと二人を追跡し、何も知らない妻からも時々電話でいまどんなことをしているか連絡を入れさせる。実際にその場面を見るよりも、「いま彼の手が膝に触っている」とか「お店のトイレでキスされた」とか報告されるほうが興奮するのはよくわかる。男の欲望はいま何をされているのか想像することによって高められるのである。

もちろん妻のほうも最初はどうしてそんなことをするのか半信半疑だったのが、次第にそれが彼の歓びであると確信できるようになると、たちまち大胆な行動をとってみせて彼を歓ばそうとするようになる。そして、そうなると他の男に大胆に凌辱されても、それは彼女自身にとっては二重の歓びとなるのだった。

これがさらに過激になると、「若い同僚たちの飲み会に自分の妻を投入する」というような設定となる。性に飢えている若い同僚たちが彼の妻を誘うのだが、他の女の子たちも誘ったというのは嘘で、男三人女一人という飲み会になっている。どうせそんなことだと読んだ夫はそれをかえって自分たちの歓びのために利用しようとする。

もともと彼女は会社での少々のセクハラならば笑って受けながすようなタイプ。あまり抵抗しないことが若い営業の連中に知られている。二十七歳のやや太めの美人だ。以前から飲み会で少々身体を触られても、隣から机の下で足を触られてもそれほど抵抗しなかったので、みんなをつけ上がらせてしまったわけで、けっして誘っているわけではなくとも、みんなにはチャンスさえあれば落とせると思われていたのである。

この場合も、やはり夫は飲み会の店の反対車線に車を停めて待っている。

最初のメールは「トイレに逃げてきた。やっぱりずっと触られている。キスしちゃった」だった。一応、最後の絵文字は泣き顔マークになっていたが、実際どうなのかは想像するしかない。こちらとのメールのやりとり。


「誰とキスしたの？」

「ごめんね、全員」

「全員？　って三人？」

「そう」

「やばそう？」

「うん、やっぱり女はわたしだけだった」

「だいじょうぶ？」

「わかんない」

「やりたそうだね」

「そんなことないよ」

「やられちゃうね」

「やっぱり帰るよ」

「ダメだよ」

「ヤじゃない？」

「やられちゃうかもって思って興奮してる？」

「してる。でも、やらないから」

「わかった」

「じゃ、席に戻るね」


それからさらに時間延長して、妻は泥酔したのか男たちに肩をかつがれて出てくる。反対の腋の下にまわした手が胸をもんでいる。さっき普通に電話したのになんでそんなことになっているのか、彼は気が気ではないまま追跡することになる。みんなはそれからカラオケへと向かう。その後も延々と営業の男たちと彼女とのやりとりが続いていく。

どれもこれも自分の愛する妻や恋人が他の男たちに遊ばれていくのを追跡し、彼女からその顛末を聞き出し、それを聞いて改めて欲情するという流れになっている。寝取られ夫

（コキュ）なんてものではなくて、自分からそういう状況をつくって楽しんでいるわけだ。次第に妻も歯止めがきかなくなって、彼の想像を裏切るようなことまでしでかしてしまう。そして、彼はまたそれを知って興奮するという繰り返し。かつてはとんでもなく異常と思われたことがいまやかなりカジュアルなものと化しており、普通の男女によっても行われている。

そう、**いまや男が女を支配するようなセックスはそんなに好まれていない。むしろ、男が自分の妻を通じて被虐的な立場に立たされることに歓びを見出すのである。**それもこれまでの経緯を見ると理解できないことではない。男たちは追い詰められているのだ。つねにセックスの主役は女だったわけだが、いまやなんとかして女の悦楽の一部を自分のものにできないかとあがく男たちの時代がやってきたのである。不倫する人妻をゲットできたからといって男が以前ほど大きな喜びを得られなくなったのは、むしろその秘め事をリードするのが女の（そして、その背後に見え隠れする男の）側であって、こちらはただ彼女の願望を一時的に叶えさせられる存在に成り下がってしまったと感じるからではなかろうか。

女になりたい

「クロソウスキーの『ロベルトは今夜』って、自分の妻を他の男たちが凌辱するように仕向ける夫が主人公なんだけど、その夫がだれにも尊敬される神学者ってところがいいんだね」

「うん、西欧ならではの舞台設定よね」

「男って地位が高くなればなるほど『女になりたい』って感情が表に出てくるようになる」

「わかる気がする。なんかうらやましいわけね」

「うん、男として生まれてちょっとソンしているように思えるんだろうね」

「ふふっ、そうなの？」

「きみはもう一度生まれるとしたら、男になりたい？」

「ぜったいイヤ」

「だろうね。女性に聞いたらイヤっていう答えのほうが圧倒的に多いけれど、男性に聞いたらその逆になる」

「女ってラクに見えるのかしらね。男はがんばって仕事してるのにとか思っていて」

「それもあるかも」

「でも、そっちのほうがはるかにラクなのにね」

「それはともかく、男として地位も名声も財産も手に入れてしまったら、もう手に入らないものはなくなってくる」

「それで、あとは『女になりたい』ってことになるのね」

「もう手に入らないものはそれしかない」

「それはわかる」

「それで、女性の下着をこっそり身につけたり、男に犯されるところを想像したりするようになる」

「なんだかね」

「でも、そういうのってただ気持ち悪がられるだけだから」

「たしかに気持ち悪いわ」

「そうなると、自分がムリして女になろうとするよりも、自分の妻とか恋人に身代わりになってもらって、というか彼女に感情移入して、彼女の歓びを分かち合おうとする」

「彼女が『自分』なわけなのね」

「そう、一種のファンタジーだね。ちょっと被虐的になるんだけど」

「女のほうも、男がそう思ったら、それが歓びになるのかな？」

「きっと歓びになるんじゃないの」

「そっかー、わかる、どっちからも愛されるんだからね」

「女にもそういった隠された願望みたいなものがあると思うけど」

「どっちも失うのはイヤだけど、どっちも得ることだから」

「女はそれでうれしくて、男もそれを見てうれしくて、相手のカレもそれはそれでうれしいわけだよ」

「うんうん」

「だいたい男2、女1という関係はあらゆる不幸の源泉みたいに思われているけど、それで三人とも幸せになれる関係というのが成立するとしたらこんないいことないと思うんだけどね」

「三人とも幸せなのね、すてき。そんな関係他にないわよね、だいたいどっかで罪悪感とか嫉妬とか出ちゃうものでしょう」

「うん、夫の側からすると嫉妬がつきものだし、妻の側からするとこんなことしていて本当にだいじょうぶなのかしらっていう罪の意識があるし、カレの側からするとどうやっても独占欲が満たされないっていう不満がある」

「そうね」

「でも、それを克服するプロセスがいいんじゃないかな」

「そういえば、昔、フランソワ・トリュフォーの映画『突然炎のごとく』を見て、ああいう関係いいなってずっと思ってた」

「あれは最高にすてきだったね。映画『明日に向って撃て！』も同じくすてきだよ。ポール・ニューマンとロバート・レッドフォードが演じる二人がキャサリン・ロスと一緒に旅しながら銀行強盗など悪事をかさねる映画なんだけど、男2、女1という三人の関係性がすばらしい」

「女の子はわりと中心であるように見えて、あれってやっぱり男どうしの物語なんじゃない」

「そう、男どうしの強い絆みたいなものがないと成立しない」

「そうね」

「女の子はわりと柔軟だから、男からこういう役割ねって言われたら、そういうものかなと思いながら受けとめられるけど、男の子はそうはいかない。女の靴下が好きな男はずっと女の靴下ばかり追いかけるわけだから（笑）」

「そうね、たしかに（笑）」

第六章 セックスに対抗するにはキスしかない

あらゆる葛藤は魂のなかで起こる

チェーホフの短篇「接吻」(一八八七年)を読んだ人はおそらくほとんどいないだろう。[*1]とてもシンプルなストーリーだが、恋愛とかセックスについて考える場合、この短篇にまで戻って考えてみたほうがよさそうだ。相手のことが皆目わからないというような状況でふと偶然起こった出会い、お互いよく知った間柄ではけっして起こらないようなアクシデント、しかし、だからこそいつまでも心から離れない出来事というものがある。

ロシアの小説家チェーホフは膨大な著作を残して四十四歳で亡くなったわけだが、晩年、こんな予言をしたそうだ。「ぼくはやっぱりあと七年だけしか読まれないだろうな。でも生きられるのはもっと短くて、六年くらいのものだろう」。

沼野充義は、チェーホフという作家は世界のものごとや人間を冷静に観察する天才だったのに、この予言は二重にまちがっていたと書いている。「まず第一に、結核に深く冒されていた彼は、こう言ったあと六年どころか、わずか一年ほどしか生きられませんでした。そして、第二に、彼の作品は七年どころか、その死後百年以上たったいまでも読まれ続けているのです[*2]」。そんなチェーホフの作品は登場人物の心理をたくみに描きわけたことで高く評価されている。

「接吻」の主役は予備砲兵旅団に属するリャボーヴィチという男で、彼は「眼鏡をかけ、山猫みたいな頬髯をぴんと生やした、小兵で猫背な将校」と描写されている。あまり風采のあがらない男で、まるで「ぼくは旅団中でいちばん弱気な、いちばん控えめ、いちばんぱっとしない将校なんですよ」とでも言っているかのようだった。彼らは野営地に向かう途中ある村に一泊することになるのだが、その地の大地主に将校たちが招待されたところからストーリーは始まる。

以前にも同じようなことがあった。そのときのことはいまもよく憶えている。ありがた迷惑なことに、たらふく飲み食いさせてくれたのはいいが、それから夜が白々と明けるまで当地の伯爵に自分の過去のエピソードを延々と話されて辟易したものだった。今回もそんな不安を抱えて出かけてみたのだがそのときとはちがって、おそらく外交辞令で声をかけてくれただけで、来ることも期待されていないかのようだった。もともと一族郎党の内輪のパーティーに一九人もの将校が押しかけてきたわけだから、義理にも喜んでもらえるような状況ではなかった。

先頭に立ったロブィトコ中尉は女には目がない人物だった。

さすがにチェーホフだと思うのは、屋敷の主の老婦人を、「その美しい、威厳のある微笑は、彼女が何かの用でお客の傍《わき》を向くたびごとに忽然としてその顔面から消え失せるのだった」などと描写している点である。それだけで彼女の性格や彼らが歓迎されない客であることを巧みに言いあらわしている。そんなわけで、リャボーヴィチもどこか落ち着かない風情。そのうちにダンスが始まって将校連のうちの幾人かはそれに加わった。ロプィトコもさっそく藤色の衣装をつけた令嬢のところへ行って、広間せましと踊りはじめている。

踊らない連中は館の主人にビリヤードに誘われた。リャボーヴィチはどちらもダメだったが、ただ所在なくしているわけにもいかないので、ビリヤードに向かう将校たちの後をのこのことついていった。彼は勝負ごとについては家族でするカルタ以外やったことがなかった。

そんなわけで、ビリヤードにも特に興味があったわけではなかったので、たちまち退屈してきた。ふとまた広間に帰ってみたくなった。事件が起こったのはその帰り道でのことである。「彼はちょっとした椿事に出くわすことになった」。リャボーヴィチは帰りの方角をまちがえて、迷ったあげく薄暗い書斎風の部屋に踏み込んでしまう。彼がそこで思案に暮れていると、「気ぜわしげな足音とさらさらという衣ずれの音が聞えて、息はずませた女の声が囁やくように『まあやっととね！』と言ったかと思うと、二本の柔らかな、いい匂いのする、紛うかたなき女性の腕が、彼の頸《くび》へ巻きついて来て、彼の頰へあたたかい頰がひたりとばかり押しつけられた」。その途端に二人の接吻の音がまわりに響いた。しかし、すぐに「接吻した女は微かな叫び声を立てて、リャボーヴィチの受けた感じでいうと、さも厭《いや》らしそうに彼からぱっと飛びのいた」のだった。

広間に戻ってもリャボーヴィチの心臓はどきどきしていたし、手も人目につくほどひどくふるえていた。やがて広間の人々の様子が以前と変わらず陽気にしているのを見て、落ち着きを取り戻したのだった。そうなると、「彼はやっと安心がいって、今夜はじめて味わった感覚、生れ落ちてこの方ついぞ一度も経験したおぼえのない感覚に、身も心もすっかり任せきってしまった」。彼は幸せに包まれて愉快な気持ちになっていた。

それからの彼は思わず浮かんでくる微笑を隠すことなく快活に振る舞い、「すすめられる料理を片っぱしから機械的に平らげ、飲物もぐいぐいと飲んで、人の話なんぞはてんで耳へ受けつけずに、つい先刻の事件をなんとか自分の得心のゆくように説明をつけてみようと一所懸命になっていた」。もちろん理解するのにむずかしいことはなかった。おそらくだれかと逢引きの約束をしたお嬢さんがなかなか二人になれず、ようやく待ち合わせた部屋に飛び込んだら、たまたまリャボーヴィチがいて、彼と勘違いしただけのことであろう。

それにしても、あのお嬢さんはいったいだれだったんだろう。彼はそこに居並ぶ女性たちを一人ひとり見ながら判定しようとした。彼は例の藤色の令嬢に目をとめた。するとその美しさを改めて認識し、もしかしたら彼女こそあの行きずりの見知らぬ女であってくれたらいいのにと思ったが、ちょっとちがっているようにも思えるのだった。それから黒い衣装をつけた金髪令嬢が目に入ってきた。「これは今の令嬢に比べて年も若く、態度もさらりと眼つきも純真で、鬢《びん》の毛をちょっぴり垂らしているところがとても可愛らしくて、おまけに、ひどく綺麗な口つきで葡萄酒のグラスを味わっていた」。リャボーヴィチはもし彼女がそうだったらさぞうれしいだろうにと思った。そんなふうにして次の娘に視線を移したりしているうちに、いよいよ帰る時間がやってくる。

屋敷を後にして宿舎にたどり着いても、リャボーヴィチの頭のなかには、「藤色の令嬢の肩だの腕だの、黒服の金髪令嬢の鬢の毛だの純真な眼つきだの、そうかと思うと誰彼の腰だの衣裳だのブローチだのが、浮んだり消えたりしていた」、そして、「今いったような幻がすっかり消え失せてしまうと、今度は彼の耳に気ぜわしげな足音や、さらさらいう衣ずれの音や、ちゅっという接吻の響きがきこえだして、――強烈な、これという理由もない歓喜の情が、彼をとらえてしまった」のだった。

彼はすっかりのぼせ上がって、もはやそのことしか考えられなかった。いや、それを考えているあいだだけは心から幸せな思いにふけっていられるのだった。たった一度の、それも一瞬の、相手がだれだかわからない人まちがいの接吻が、これほど人の心を揺り動かすとは。それを単にリャボーヴィチがまだ童貞で純真だったからといって済ませるわけにはいかない。このことはおそらく百戦錬磨の男たちの身にもいつでも起こりうることなのである(『カザノヴァ回想録』を見よ)。

男女の関係というのは、ほんのわずかな視線の交換に始まって、言葉を交わしあったり、手が触れたといってはその余韻にひたり、キスしたといっては心をふるわせ、実際の性行為によって一つの頂点に至ると考えられている。しかし、そうした恋愛の階梯《かいてい》にはいくらか不可解なところもある。つまり、それはお互いの情熱が冷めていく過程とパラレルだということである。いったん性行為にまで至ると、キスで心をふるわせることはなくなってしまう。たとえ親愛の情が深まっていくことはあっても、もはや胸のときめきは得られることはない。

そこには不可逆的なプロセスが見てとれる。**恋愛のなかに「恋愛」そのものを滅ぼし否定する要素が含まれているのだ。それが早く終わりにたどり着こうと二人を急かせるのである。**そうなるとキスは性的結合の最後のシーンに至るただの一里塚にすぎないものとなる。みんなは「いま彼とどこまでいってるの?」「キスまでなの?」とか「ハグまでなの?」とか言い合う。一度セックスしてしまうと、キスなんてたやすくできるようになるし、そこにはあいさつ以上の感動は見られなくなる。キスというのはそんなつまらないものだったのか。単なる通過点。もしかすると熱い抱擁というのも相手をゲットできるかどうかの一つの目安にすぎないものだったのか。

リャボーヴィチが最後に考えたことは、「誰かが自分を愛撫して喜ばせてくれたのだ、自分の生涯に何かしら並々ならぬ、馬鹿らしい、とはいえ頗《すこぶ》るもって甘美なよろこばしい出来事があった」ということだった。単なる人まちがいのキスが彼の全人生と同じくらいの重みを持って登場してきたのである。そして、宿舎に戻ると彼はいよいよ決心して仲間のロブィトコらに例の接吻の一件を話し出すのだが、なんとわずか一分もしないで語り終えてしまう。「我ながらこの物語にたったそれだけの時間しかかからないことがひどく意外だった。この接吻の一件は、優に夜が明けるまで語りつづけられるような気がしていたのである」。彼の話を聞き終わると、ロブィトコは「それとよく似た話はぼくにもあったよ」と、なんと自分の話をしだす始末だった。

いったい何が起こったのか。現実に起こったことはささいなまちがいにすぎないのに、心のなかで起こったことは世界全体とかかわる出来事だったのである。**「あらゆる軋轢《あつれき》、葛藤は人生の表面の下、人間の魂のなかで起こる」。そのことを忘れてしまうと、恋愛もセックスもきわめて単純なやりとりに終始してしまうように思われる。**ぼくらが求めているのはそんなことではなかったはずだ。

恋の戯れ

われわれは出会って恋に落ちると、相手の身体を所有しようとし、それが叶うと安心の眠りのなかに落ちていく。ちょっと早まったかなという後悔とともに、もう一度そのプロセスをゆっくり味わいたいと思っても、もはやそれは不可能だ。相手に断られるかもしれないと怯えつつするキスともはや安心しきってするキスとでは大違いなのである。最初に抱き寄せたときのふれあいの感触も、胸のときめきもすべて返らぬものとなってしまっている。果たしてそれでよかったのか？

たしかに一刻も早く相手の愛を確認したいというのはよくわかる。途中のプロセスなんかにゆっくりかまっていられない。でも、よく考えてみよう。たとえば、あるパーティーでだれかと偶然目が合ったりすることがある。しばらくしてまた目が合ったりすると、「あっ、あの人もこちらを見ていたんだ」と胸がときめくのを感じないだろうか。みんなでテーブルを囲んで談笑しているとき、テーブルの下でお互いの膝がふれあっているのを知るとき、また、みんなでパーティーをやっている際にトイレからの帰りを待ち伏せされてキスされたとき、あなたは自分の「魂のなかで」何かが起こるのを感じないだろうか。**こっそり二人だけで会う約束をして、みんなの前ではさりげなく振る舞うものの、相手のことばかり気になって仕方がない状態、それを何と呼ぶべきなのか。**

お互いに約束の時間に待ち合わせ場所にやってきて見つめ合ったとき、これはすでに恋愛に入り込んでいるということなのだろうか。いや、二人で抱き合ってキスしたときから恋愛は始まるということなのか。それとも、二人でベッドインしてお互いに身体をゆだね合ったときから恋愛は始まるのだろうか。いつ恋愛は始まり、いつ終わるのか。

そもそも結婚という制度を考えてみた場合、二人の恋愛は結婚した段階で解消されてしに至る助走期間にすぎないということになる。もしそうだとしたら、あくまでも恋愛とは結婚に至る助走期間にすぎないということになる。それなら結婚に至った恋愛はいいけれど、その一〇〇倍もある結婚に至らなかった恋愛はすべてムダということにならないか。最近の男女は会って相手に好意を持つとすぐにセックスの関係になることが多いという。そうなると、もっとも喜ばしい経験をすっとばして、その果実を十分に味わうことなく、一緒になったり別れたりするだけのことにならないか。そうなると、恋愛とは一瞬の火花が散るような経験であって、もともと持続するようなものではないということになる。

そういうわけで、もし恋愛が成就しないとなると、あなたが十代二十代で出会った相手と過ごした時間はほとんどムダだったということになる。これまでの自分のケースを振り返ってみても、そこには別れの記憶しかなく、なんとも物悲しい思いがつきまとう。どうしてその経験をもっと輝かしく美しいものとして記憶できなかったのか。なんとかしてそこに喜びの記憶をよみがえらせることはできないのだろうか。そう考えるのは単なるないものねだりにすぎないのか。そもそも恋愛とは結婚に至る一時的なプロセスにすぎないものなのか。それとも、恋愛と結婚とはむしろ対立概念なのだろうか。男女は出会い、お互いに好きになって、いつしか恋が成就し、結婚する、と普通考えられている。しかし、もしかすると、**「男女が出会って」と「恋が成就し」のあいだにはもっとさまざまな出来事が含まれているのではないか。**

そこで議論すべきは「フラート」(flirt)という概念である。フラートについてはこれまでもしばしば触れてきたが、恋愛そのものではなく、ちょっとした恋の前段階、恋の戯れを指している。*3 たとえば、視線のやりとり、誘惑、男に媚びること(コケットリー)、ちょっとした接触、人目を忍ぶくちづけ、身体を密着させたダンス、気どった恋の駆け引き、「相手の注意を引き、欲望をかきたて、嫉妬心を刺激する行為」、それらすべてを指している。

このフラートくらい日本語に訳しにくい言葉はない。吉原真里『性愛英語の基礎知識』(二〇一〇年)に以下のような記述が載っている。「『日本語には flirt に対応する単語がない』と私が言うと、私のアメリカ人の友達は皆とても驚く。そのくらい、flirt はアメリカ文化・生活において重要だということだろうか」。つまり、これは文化の違いと言うしかない。もうちょっと彼女の説明を聞いてみよう。「flirt とは、相手のことを気に入っている、あるいは、相手に気に入ってもらおうとしているかのような素振りで、親しげに振る舞う、つまり、思わせぶりな態度をとることである。flirt したあとに、会ったり交際の可能性を模索したりするつもりは必ずしもないし、それが一夜の情事に至る場合などは、その性行為はflirtのうちには入らない」*4。

ぼくらは人を好きになるとすぐに「恋愛」という言葉でひとくくりにしてしまう傾向がある。しかしながら、もしかしたら相手に好意を持つところから恋愛に至るまで、そこにはとても振れ幅の大きな世界が広がっているのではないか。そこを速足で通り過ぎようとしたり、すぐさまクライマックスを求めようとしたりすると、豊かな果実を味わえないまま終わってしまうのではないか。キス、抱擁、手をつないだり、息を吹きかけたり、身体の一部をふれあったりすることもフラートの一種だけれど、果たしてそれらをセックスへの導入部以上のものとして考えることはできないのだろうか。

大人のキスってむずかしい

「ねえ、キスってあるけれど、日本人にとっては、あいさつ代わりのキスがないから、異性間でのキスって意外とむずかしいよね」

「むずかしい。こないだおもしろいこと言う女の子がいて、大人になるとキスって寝てするもの、セックスの前段階としてするものだけど、でも、子どもの頃ってキスって立ってしてたよねって言うの」

「うんうん」

「あっ、そうか、大人ってあまり道端で立ってしたりしないから、それ聞いてすごく新鮮で、ああ、そうね、立ってキスするっていいわねって思ったの」

「やっぱりぼくらは会ってすぐ立ったままでキスするようなことないからね」

「感謝のキスとかもないから」

「キスってなかなかむずかしいね」

「でも、キスって寝てするものだって聞いて、ちょっと興ざめしちゃったの。そうか、キスって密室っていうか、だれにも見られないところでするものだって。子どもの頃のように送ってもらってキスして別れるとか、たくさんお友だちもいるんだけどみんなの目を盗んでこっそりキスするとか、そういうドキドキ感がないのよね」

「うん、そのとおりだね」

「だって、寝てするキスってセックスの前段階ってことでしょ？　途中経過だからつまんない。やっぱり突発的なキスであったり、想定外っていうか考えてもいない相手にされるとか、そういうのってすてきよね」

「すてきだね」

「映画館でちょっとしてみるとか、公園でとか、大人になるとそういうファンタジーがなくなる。すぐにセックスになっちゃうっていうか」

「いや、そうかもね。それってつまんないよね」

「すごく、つまんない」

セフレよりもキスフレ

二〇一三年三月十四日付のライブドア・ニュースに以下のような記事が載った。現在、若い女性のあいだで流行しているという「キスフレ」。「エッチはしないけど、キスまでする相手がいる?」という質問に対して36%の女性が「いる」と答えたというので、ちょっとした話題になった。この「キスフレ」という言葉を提唱したのはサイバーエージェントが運営する女性限定の匿名掲示板「GIRL'S TALK」だ。キスフレとはキスまでならOKという男友だちを指す。回答数六一九人でそのうち二十代が65%、三十代が21%を占めている。

「いる」と答えた女性は次のように語っている。

「キスくらいならいいかな？　って思っちゃいますね。くちびるって柔らかくて気持ちいいし。お互い手軽に気持ちよさを味わえるから、キスフレはいいですよね」（21歳・女子大生）。「寒いときにからだをくっつける」のと「楽しいときにキスをする」はだいたい同じような感覚なのかもしれないともコメントされている。ここではキスはセックスの前戯ではなく、それ自身快いものとして認識されている。

ただし、否定的な意見も少なくない。「そんなの気持ち悪い」「好きでもない人とそんなことする気になれない」「もしキスしたらその先までいきそう」など抵抗を示すものも多かった。「大切なキスを安売りすべきではない」という意見もあった。そのあたりのさじ加減がむずかしい。王様ゲームとかならもっとわかりやすいのだろうけれど。わりとドライな印象を与える「キスフレ」でも、そこにかすかな好意が隠されているのは否定できない。その証拠に「キスフレとのキスは浮気にならないか」という質問に81％が「浮気になる」と答えており（浮気にならないは18％）、やはりキスに後ろめたさはつきもののようである。

このデータをもとにして議論されたフジテレビの番組では、三〇〇人の主婦のうち、およそ六人に一人、五一人が「夫以外の男性とキスをしたことがある」と回答を寄せたという。そして、そのうち三〇人が「浮気ではない」と答えたそうである。元キャバ嬢で作家の立花胡桃が「主婦はちょっとしたトキメキが欲しいんだと思います」と言うと、お笑い芸人のカンニング竹山は「でも、男はもっと求めてきますよね、女性はそれでホントにOKなんですか？」と食い下がる。番組の制作側としては、「そこまでの関係性が大切で、女性はたぶんそれ以上を求めているわけではないんでしょうね」というあたりで収めたかったようだが、番組ではどうもそう簡単にはいかないぞという空気が支配的だったように感じられた。

遊びとしてのキスが日常化することについてはどうコメントしていいのかわからない。ただ、「セフレ」という言葉によってセックスの価値が低下したことを忘れてはいけないだろう。セフレとはセックス友だちの意味で、それ以上の関係になることはない。この言葉以前には「友だち」という大きな枠のなかでいろいろな位置を占めてきた異性が、イエス／ノーではっきりさせられてしまうのはちょっとつまらない。どちらともとれるような関係性こそセクシュアリティにとっては生命線だからだ。

キスが人生を豊かにする

男女のあいだで交わされるもっとも魅力的な行為はキスであり、それは直接セックスと結びつきやすいものではあるものの、はるかに豊かで精神的な要素が含まれている。人生を豊かにするのはセックスではなくてキスではないか。そのことを以下いくつかの例を挙げて示してみたい。

人はたくさんの人を愛するようにできている。それならば、その表現の仕方にもさまざまなかたちがあっていいだろう。なにごとも断定はいけない。じっと見つめる、ハグする、キスする、匂いをかぐ、からだに触れる、爪をたてる、噛む、その他、もろもろの行為はいずれも愛情表現の一種である。キスひとつとってもさまざまなヴァリエーションがある。それらはけっして恋人たちだけのものではない。

ちょっとした心のふれあいが人生を豊かにする。人を愛することに生きる喜びがある。十五歳には十五歳のキスがあり、二十五歳には二十五歳のキスがあるし、四十五歳には四十五歳のキスがあり、六十五歳には六十五歳のキスがある。なによりそれを第一の喜びとすることだ。キスに年齢はない。それはつねに相手との好ましい関係を示している（エゴから一歩遠ざかる）。そういうかたちの愛も捨てがたいのではないか。相手のことを思いやる感情。そこに価値をおく。

なんでも自分のものにすればいいというわけではない。これからの恋愛もお互いを唯一無二のものとして支え合うことでは共通しているが、その他の事柄を排除しないものへと移り変わっていくだろう。お互いに他の異性を誘惑し合うことはあっても、それによってなにかが犠牲になるというようなことはあってはならないだろう。

恋愛を長いレンジで考えると、そのもっとも好ましい果汁がいっぱいのときを代表するのがキスであり、セックスは二人の関係がもはや引き返せなくなるところに位置している。いくらセックスがすばらしいものだとしても、それを通り過ぎてしまうと、もはや二人の関係は以前と同じではない。それまでは相手の手を握っただけで痺れるような快感を味わうことができたのに、いまやそれが友人同士のようにドライなものへと変化を遂げている。あれほど幸せだったキスがいまやセックスの前戯と化していく。こんなはずじゃなかったと思ってもすでに手遅れだ。どうしてそんなことになってしまうのか。そしてその後、いくらか安心できる要素が加わるとしても、また別の不安がやってくる。

さて、そうなるといったいどうしたらいいのだろうか。もっとも美しい記憶を思い起こしてほしい。おそらくその上位には、たまたま一緒に自転車で遠くまで走ってお互いに楽しくて仕方がなかったのに、それだけで終わってしまったこととか、もう少し勇気があれば相手に好きだと言えたのにという思いなどがランクインするのではないか。もちろんセックスを否定するつもりはまったくないのだけれど、そういう「恋愛未満」と言える記憶こそわれわれにとって永久に残るものではないかと思う。

では、それらはもういまからでは二度と手に入らないものなのだろうか。いや、そんなことはない。むしろ、これから手に入るもっとも大きな喜びの一つになるにちがいない。つまり、これからは結婚していようとボーイフレンドがいようと関係なく、だれもがフラートを楽しむことができる時代がやってくるだろう。「不倫」とか「浮気」はハードルが高いけれど、フラートの関係ならばむしろお勧めなのではなかろうか。

もしみんなでパーティーをするならば、男女ともに何でも許容しあって楽しく過ごす時間が必要だ。身体をすりつけあってワインを飲んだりする。それだけでもいいし、時にはこっそりキスしたり、ハグしたり、それぞれがしたいことをする。「わたしには彼がいます」とか「こんなこと妻に知れたら」とかいう野暮なことは言わない。そこではみんな一人の人間なのだ。フェリーニの映画「甘い生活」（一九六〇年）にもそんなパーティーが描かれている。かつてはパーティーというものにはそういった官能的なシーンが必ず含まれて

いたのである。

ところで、よく考えるとこの映画ほど男女の好ましい関係とその裏側にひそむ心理的葛藤を巧みに描いたものはなかったように思えてくる。当時はまだセックスが爆発的な力を持っていた時代で、登場する女性はだれもがセクシーで誘惑的だ。ストーリーの中心は主人公のゴシップ雑誌の記者マルチェロ（マルチェロ・マストロヤンニ）とハリウッドからやってきたグラマー女優（アニタ・エクバーグ）との関係だ。嫉妬深い妻がいながら女の尻を追い続けるマルチェロは、たまたまローマを訪れた彼女を取材しているうちに、一緒にローマの名所を見てまわることになる。

二人の距離感には一種特別なものがあり、いつでもキスできるようなシーン、ほとんど身体を密着させようかというシーンも幾度かあったのに、そういう関係になることはない。その危うさが映画を見ているこちらにも伝染してきて、二人を見ながら胸をときめかせることになる。これまで何度も見てきたのに、いまだに二人が唇を合わせるシーンは見つからない。有名なトレヴィの泉に二人で飛び込むシーンでもたしか彼らはキスをしていないはず。いや、なんでそんなことにこだわるかというと、以前フランスの雑誌に「甘い生活」の一場面が写真で掲載されており、そこでは二人はディープキスを交わしていたと記憶していたからである。こちらとしては、ほとんどお互いの顔がくっつきそうなシーンが続くのにキスもしていないとは映画作りとしてみごとだとフェリーニを讃えたかったのだが、いったい真相はどうだったのか。

エロチシズムと想像力

一般にはセックスをしないのが純愛と思われてきた。しかし、これからの時代にあっては、いくらでもセックスできる状況にあってこそ純愛は成立するのではなかろうか。そのことをしみじみと感じさせてくれるのが、ガルシア＝マルケス『わが悲しき娼婦たちの思い出』（二〇〇四年）である。[*5] 男は独身の九十歳の老人、うまづら、醜男。新聞のコラムニスト。玄人相手には歴戦のつわもの。これまで六〇〇人もの娼婦を相手にしてきた。九十歳の誕生日にしばらく通っていなかった娼家にのり込む。自分の誕生日を祝うために十四歳の処女と寝るためだった。

そこで連想されるのはファン・ダイクが描いた「スザンナと二人の長老」であろう。水浴しているところを二人の長老に襲われたスザンナは、彼らの誘惑を拒絶した。すると、彼らはスザンナを不貞の罪で告発してしまう。預言者ダニエルは長老たちを喚問し、その

スザンナと二人の長老

矛盾をあばき、スザンナを無罪にするとともに長老たちを死罪に処するのである。老人と処女と聞くと、どうしても好ましい関係は思い浮かばない。

　ところが、九十歳の老人はそれとは正反対の態度をとったのだった。彼はベッドに入っても彼女に指一本触れようとしなかったのである。娼家の女主人ローサ・カバルカスは次のように言う。「一晩一緒に過ごしたというのに、今回も指一本触れなかったんだってね！　いったいどういうつもりなの？　むろん、あんたの好きにしていいんだよ、だけどせめて大人らしく振る舞ってくれないとね」。老人はそれから繰り返し彼女のもとを訪れ、そのたびに、彼女の姿を鮮明に記憶に焼きつけた。そして、自分の好きなように彼女のイメージをつくりかえることができるようになっていく。以下は彼の妄想である。

自分が書斎のスツールに登ったことをはっきり覚えているし、目を覚ました彼女が花柄の服を着て、私が濡れないようにと本棚からおろした本を受け取ってくれたのも覚えている。彼女が雨のせいでずぶ濡れになり、嵐を相手に戦いながら家の中をあちこち駆けずり回っている姿を見ていた。次の日、それまで一度も食べたことのないような朝食を用意してくれたのを覚えているが、その間私は床の拭き掃除をし、難破した船のようになっている家の中を片付けた。一緒に朝食をとっていたときの彼女の暗い目を決して忘れることはできない。あなたがもっと若ければよかったのに。私は自分が思っていることを口にした。年というのはとるものではなく、感じるものなんだよ。

ベッドに横になる前に、化粧台を片付け、錆びた扇風機に換えて新しいのを置き、彼女がベッドにいても見える位置に絵を吊るした。そのあと彼女のそばに横になると、身体をつぶさに眺めた。嵐の日に家の中を歩き回っていた女の子とまったく変わらなかった。暗闇の中で私に触れた手、猫のように音を立てずに歩く足、私のシーツにしみついた汗の匂い、指貫をした指、どれもこれも同じだった。信じられないことだが、生身の彼女をこの目で見、指で触れているのに、目の前にいる彼女よりも記憶にある女の子のほうが現実味があるように思えた。

考えてみれば、現実にあったことを忘れてしまうのと同じように、実際に起こらなかったことを本当にあったことのように記憶することだってあっていい。彼はそういう自分の思いをこめて眠っている彼女の隣で幾夜も過ごすのである。そして、奇跡が起こる。老人はいつしか彼女が自分を愛しはじめているのを知る。「それは妄想ではなく、九十歳になって経験した初恋がもたらしてくれたもう一つの奇跡」なのだった。ひそかな思いが彼女に通じたのである。まさにハッピーエンド。こうしたことこそぼくらが追い求めてきたものではなかったか。

アンドレ・マルローは「仏訳『チャタレイ夫人の恋人』への序文」のなかで、D・H・ロレンスについて、「個人の魂に真に到達できるのは、自己の持つ固有のものを通してではなく、他の多くの人々と共通したもの――つまりセックスに対する強烈な意識によってであると考えたのではないか」と指摘している。[*6] これはとても重要なことではないかと思う。彼は、いくら個人に固有なものを追求しても何も明らかにならないとして、旧弊なヨーロッパの哲学思想などをあっさり切り捨てたことになる。さらに、本当にそこに達したいとするならば、「他の多くの人々と共通したもの」、人と人との関係性そのものを明らかにしなければならないと喝破したわけで、それにはセクシュアリティを除いては考えられないとしたのだった。

ここでは罪を逃れることが問題ではなく、エロチシズムに罪ゆえにもっていた力を失わせることなしに、それを生に取り込むことが問題なのである。エロチシズムに、これまで愛にあたえられていたすべてをあたえること、それをわれわれ自身の啓示の手段とすることが問題なのである。

これ以上いまの時代にとって意義ある文章は見つからないだろう。**セックスレスとか、婚活とか、肉食女子とか、キスフレとか、いろいろ風俗的に語られていることの根底には、明らかに愛そして性的な結びつきへの希求がひそんでいる。**

マルローは、「エロチシズムは次第しだいに個人に近づく。それはかつては悪魔だった、それが人間となる。そしてわれわれはエロチシズムが人間を追い越し、人間の存在理由となるのを見ようとしている」とも指摘している。おそらく二十一世紀の一〇〇年はそれが実現していく過程となるのではないかと思うのである。

おわりに

インティマシー（親密さ intimacy）という言葉はこれからの時代のキーワードになるかもしれない、ずっとそう思っていた。もしかするとそれは日常生活からして変えてしまうことになるのではないか。人と争ったり、出し抜いたり、排除したり、憎んだりするかわりに、それぞれがいくつもの居場所をつくって、そこでの交友を大切にする。こうしたことはむしろ女性のほうが得意とするものだ。日々の生き方もなるべく私利私欲に走らないでシェアできるものはなるべくシェアするようにする。テレビドラマのように男1女3で暮らすなんてとてもエレガントなことではないか。

かつてアメリカ中西部にあるシカゴ大学に留学した時のこと、いきなり知り合いが一人もいない世界に投げ込まれて途方に暮れてしまった。アパートには薄汚れたベッドとソファセットしかない。寝ようにも、シーツも、枕も、枕カバーも、上掛けも何もない。もちろんナイフ、フォーク、調理器具の類も何一つそろっていない。生まれてから料理・洗濯・掃除など一度もやったことがない自分がこれからどうやったら生きていけるのか不安でいっぱいになった。最初にやったことといえば、シカゴのダウンタウンにあるシアーズに出かけて、とりあえずベッドまわりの品々をきちんとそろえることだった。だれかの汗で汚れたベッドに寝るのだけは避けたいと思った。とにかく、これはとんでもないところに来てしまったと思った。当時のぼくの住んでいたアパートの住所は「5316 S. Dorchester St.」。大きな買い物をするには電車でダウンタウンまで行かなければならなかった。けっこう遠い。

しかし、シアーズの寝具売り場をうろついていると、通りかかった女性（後に看護師とわかる）が親切にいろいろ教えてくれた。おまけに何か困ったことがあったら電話してと紙切れに電話番号まで書いてくれた。地獄で仏とはこのことだった。シカゴに来る前、ロサンジェルスで降りたときもまったく身寄りもなく右も左もわからないぼくを多くの人たちが助けてくれた。それまで人の助けなどまったく当てにしない生き方をしてきたので、なにもかもすべてが初めての経験だった。本当に困ったときには必ずだれかが手を差し伸べてくれる。

シカゴでは教会のバザーにたずさわっていた老婦人たちが、特別に食器一揃いを一〇ドルで分けてくれた。そして、フリーマーケットでただのような値段で必要なものを買いそろえていった。そんなふうにしていつのまにかアメリカでの生活になじんでいった。アパートの部屋はたいていサブ・レントで、そこの借主から又借りするケースが多く、洗濯機は地下にあって共用。部屋のトイレのドアがきっちり閉まらないのとバスタブが入り口のドアのところにあってカーテンもなく、人が来ると丸見えになってしまうのが難点だったが、遊びに来た女子学生らはそれをむしろおもしろがった。本を読むには図書館が夜の一二時まで開いているので十分な時間があったし、しばしば近くの教会の炊き出しに並んだりもした。

そんなふうにして、アメリカではほとんどお金をかけずに生きていけるということを学んでいった。みんなムダに物を捨てたりしない。一九七六年から七九年までそうやって過ごしてしみじみ思ったのは、「幸福であるということ」と「お金があるということ」とのあいだには別に相関関係はないということだった。どうしても必要なのは大学の講義が終わった後にバー「ジミーズ」で飲むビール代くらい。いまの日本ではようやくレンタルとかシェアとかいうことが叫ばれるようになってきたが、アメリカでは三〇年前から当たり前なのだった。ハリウッド映画に出てくるようなアメリカは本当のアメリカではなかったのである。

アメリカではそうやって人間同士のインティマシー（親密さ）ということを学んでいった。シカゴ大学はアメリカ随一のインターナショナルな大学で、ぼくの指導教授だったエリアーデ（ルーマニア）をはじめとして、V・ターナー（イギリス）、リクール（フランス）、ガーダマー（ドイツ）、J・キタガワ（日本）など国籍不問で、どのクラスにも外国人同士特有の親密な空気が流れていた。

シカゴでは週末になると、必ずだれかの家でパーティーがあり、ポエトリー・リーディング、ロックの生演奏、ダンスパーティーなど多彩な楽しみが待っていた。みんなが次々と紹介してくれるので、友人たちの数もあっというまに膨れ上がる。友だちの友だちは友だちというわけだ。そこで知り合った女の子と翌週また別のパーティーに顔を出すなんてことは当たり前ということになる。しかも、会ってすぐに（儀礼的なものも含めて）ハグしたり、キスしたり、身体的接触を繰り返す。新しいカップルなんて毎晩のように生まれては消えていくことになる（男女関係が乱脈という意味ではない）。

それはみんなにとってとても好ましいことのように思えた。ぼくもそこで知り合った女友だちと毎晩パーティーに繰り出したり、おしゃれでセクシーなショーを見に出かけたり、小旅行を楽しんだりした。どれも楽しい思い出になった。そんな毎日を送りながら、「親密さ」とはいったい何だろうとずっと考えていた。みんなと親しくなるのはすてきなことだけれど、だれか一人と特別な関係になることはもっと大切なことのようにも思えるのだった。

みんなで楽しくしていると、自然とそのなかのだれかと特別な関係になる。しかし、だれかと特別な仲になると、みんなとはやや疎遠になる。親しく笑い転げていた友人たちの屈託のない集まりが恋しくなる。なんとかして両方を同時に得ることはできないのだろうか。自分の恋人が他の友人たちと深夜まで一緒に過ごしたり、こちらはまた別の友人たちとずっとダンスをして過ごしたりする、そんなことは不可能なことなのだろうか。

もしかして相手をよく知りたいという願いは相手とベッドをともにするということではないと言えないだろうか。もちろんセックスによって相手と一つになりたいという望みを否定することはできない。でも、果たして一緒にベッドで過ごしたからといって本当に相手と一体になれたと言えるのだろうか。かつての時代では貞操というのは重い意味を持っていた。それを破るということはそれなりに大きな責任を伴うことだった。しかし、貞操の価値はどんどん低下して、身体の結びつきは二人の関係にとって何かを保証するものではなくなっている。そんなときに思うのだ。ぼくらにとってもっとも大事なものは相手と一体になれるかどうか不安におののいているときに生まれるのではないか。相手を思いやる気持ち、心の揺れ、動悸、ひそかな歓び、憔悴《しょうすい》、自己卑下、あるがままの肯定。ただしそれらは移ろいやすいものであり、いったん目的を達成するとたちまち姿を消してしまう。

人と人のあいだには距離がある。でも、その距離は必要なものなのかもしれない。その距離があるからこそ近づいたり離れたりすることができるのではないか。

詩人ブレイクは「恋愛は自我のみを悦ばすことを求め、天国を侮って地獄をつくる」[*1]と書いたが、たしかにいまこそ「愛と友情に関して抱いている一切の先入観を取り払う必要がある」[*2]。われわれが求めているものは恋人でも友だちでもない。もっと全人間的なふれあいなのではないか。

先史時代以来、いかなる相手を選ぶかというのは人類にとってもっとも重要なテーマだった。一方で情熱的に一人の異性を思う気持ちと、他方で多くの異性を知りたいと思う気持ちが交錯する。それらはつねに矛盾をはらんだものとして認識されてきた。それはアメリカでも同じことだった。つい最近まで仲睦まじかったカップルがあっというまに別れて別の異性と暮らすなんていうことは日常茶飯事で、そのドライな割りきり方はさすがアメリカと言えるものだった。しかし、どうしてそこに矛盾が生じるのだろうか。
恋愛とは相手を所有しようとすることである。しかし、それは他のだれかを排除することを意味していない。結婚の場合は契約だからそう簡単にはいかないけれど、もしそれが他の人々を排除するものだとしたら、結婚制度そのものに問題があるからかもしれない。西欧のロマンティック・ラブ・イデオロギーを超えた向こう側にはもっとすばらしい夢のような世界が広がっているのではないか。

本書は二〇一二年秋の朝日カルチャーセンター（東京・大阪）での講座をもとに書き下ろされたものである。以前に書いた『39歳』（メディアファクトリー）、『オデッサの誘惑』（集英社）といくらか引用が重なっているがご容赦いただきたい。出版されるにあたって幻冬舎編集部の竹村優子さんには大変お世話になった。議論に参加してくれたみなさんも含めてここで厚く御礼を申し上げたい。

注一覧

はじめに

＊1―パメラ・ドラッカーマン『不倫の惑星』佐竹史子訳、早川書房、二〇〇八年。原著二〇〇七年刊。

第一章

＊1―サビーヌ・メルシオール＝ボネ&オード・ド・トックヴィル『不倫の歴史』橋口久子訳、原書房、二〇〇一年。原著一九九九年刊。
＊2―同。
＊3―ヘレン・E・フィッシャー『愛はなぜ終わるのか』吉田利子訳、草思社、一九九三年。原著一九九二年刊。
＊4―池野佐知子「OL400人は考える『それってどうよ⁉』」『サンデー毎日』連載、二〇一一年十月十六日号。
＊5―以下の引用は、ヘレン・E・フィッシャー『結婚の起源』（伊沢紘生・熊田清子訳、どうぶつ社、一九

八三年。原著一九八三年刊)、和田正平『性と結婚の民族学』(同朋舎、一九八八年)などによる。
＊6―マリノウスキー『未開人の性生活』泉靖一他訳、新泉社、一九七一年。原著一九二九年刊。
＊7―田川玄「男が戦いに行くように女は愛人をもつ」『セックスの人類学』春風社、二〇〇九年。
＊8―「エル・ジャポン」一九九五年七月号特集「エロスの文化人類学」など参照のこと。
＊9―ヘレン・E・フィッシャー『愛はなぜ終わるのか』。
＊10―デイヴィッド・バラシュ&ジュディス・リプトン『不倫のDNA　ヒトはなぜ浮気をするのか』松田和也訳、青土社、二〇〇一年。原著二〇〇一年刊。
＊11―同。
＊12―ジャック・アタリ&ステファニー・ボンヴィシニ『図説「愛」の歴史』樺山紘一監修、大塚宏子訳、原書房、二〇〇九年。原著二〇〇七年刊。

第二章

＊1―コンスタン『アドルフ』新庄嘉章訳、新潮社、一九五四年。原著一八一六年刊。以下の引用はすべて本書による。
＊2―谷村志穂『結婚しないかもしれない症候群』主婦の友社、一九九〇年。
＊3―デイヴィッド・バラシュ&ジュディス・リプトン、前掲書。
＊4―ジャック・アタリ&ステファニー・ボンヴィシニ、前掲書。

＊5―古市憲寿『絶望の国の幸福な若者たち』講談社、二〇一一年。
＊6―ジャック・アタリ&ステファニー・ボンヴィシニ、前掲書。
＊7―デモステネス『ネアイラ弾劾』（第59弁論）。伊藤貞夫「『ネアイラ弾劾』の史的背景」『西洋古典學研究』、一九七五年。
＊8―ここでの記述はWikipedia「フリュネ」の項参照。

第三章
＊1―「若い娘が知っておくべきことを知った若い娘がその後知りたがったこと」には出典がある。スティーヴン・カーン『肉体の文化史』喜多迅鷹・喜多元子訳、法政大学出版局、一九八九年参照。
＊2―同。
＊3―ピーター・ゲイ『官能教育』（全二巻）篠崎実・鈴木実佳・原田大介訳、みすず書房、一九九九年。原著一九八四年刊。以下の引用はすべて本書による。
＊4―デュレックス社「グローバル セックス サーベイ リポート」二〇〇五年（Durex社"2005 global sex survey report"）。

第四章
＊1―サビーヌ・メルシオール＝ボネ&オード・ド・トックヴィル、前掲書。以下の記述はすべて本書によ

る。
＊2―シャルル・フーリエ『愛の新世界』福島知己訳、作品社、二〇〇六年。原著一九六七年刊。
＊3―サビーヌ・メルシオール＝ボネ＆オード・ド・トックヴィル、前掲書。
＊4―ギュスターヴ・フロベール『ボヴァリー夫人』生島遼一訳、新潮文庫、一九六五年。原著一八五七年刊。以下の引用はすべて本書による。
＊5―ギュスターヴ・フロベール『ボヴァリー夫人の手紙』工藤庸子編訳、筑摩書房、一九八六年。
＊6―パメラ・ドラッカーマン、前掲書。
＊7―同。
＊8―デイヴィッド・バラシュ＆ジュディス・リプトン、前掲書。

第五章

＊1―マルセル・モース「贈与論」、有地亨・伊藤昌司・山口俊夫訳『社会学と人類学1』所収、弘文堂、一九七三年。原著一九二五年刊。なお『贈与論』には新訳あり。吉田禎吾・江川純一訳、筑摩書房、二〇〇九年。
＊2―拙著『オデッサの誘惑』集英社、一九九九年。
＊3―デイヴィッド・バラシュ＆ジュディス・リプトン、前掲書。
＊4―ピエール・クロソウスキー「ロベルトは今夜」、若林真・永井旦訳『歓待の掟』所収、河出書房新社、

一九八七年。原著一九五三年刊。

＊5―山口椿『ロベルトは今夜』トレヴィル、一九八九年。

第六章

＊1―アントン・チェーホフ「接吻」、神西清訳『チェーホフ全集7』所収、中央公論社、一九六〇年。原著一八八七年刊。以下の引用はすべて本書による。別の訳に『チェーホフ全集4』所収、松下裕訳、筑摩書房、一九九四年がある。

＊2―沼野充義「宇宙を飛んだカモメ」『NHKテレビテキスト 100分de名著』NHK出版、二〇一二年。

＊3―フラートについては拙著『39歳』メディアファクトリー、二〇一一年参照。

＊4―吉原真里『性愛英語の基礎知識』新潮社、二〇一〇年。

＊5―ガルシア＝マルケス『わが悲しき娼婦たちの思い出』木村榮一訳、新潮社、二〇〇六年。原著二〇〇四年刊。

＊6―アンドレ・マルロー「仏訳『チャタレイ夫人の恋人』への序文」滝田文彦訳、『世界批評大系5 小説の冒険』所収、筑摩書房、一九七四年。以下の引用はすべて本書による。

おわりに

＊1―ウィリアム・ブレイク『ブレイク詩集』土居光知訳、平凡社、一九九五年。なおこの訳はロバート・ブ

レイン『友人たち／恋人たち』（木村洋二訳、みすず書房、一九八三年。原著一九七六年刊）のカバーコピーより採った。同書では「愛はただ欲をとげようとし、他をおのれが楽しみの犠牲とする、よろこびは他のものの安らかさをうばい、天国をふみにじって地獄をつくる」となっている。松島正一編『対訳 ブレイク詩集』（岩波文庫、二〇〇四年）の訳など参照のこと。

＊2―ロバート・ブレイン『友人たち／恋人たち』のカバーコピー。

写真クレジット

© Tamara Lackey/fstop, © visualsupple, © dai,
© OJO Images, © dai, © Hans Neleman/Zefa/Corbis,
© Jean-Ris Roustan/Roger-Viollet

著者略歴

植島啓司《うえしまけいじ》

一九四七年東京都生まれ。宗教人類学者。東京大学卒業。
東京大学大学院人文科学研究科（宗教学）博士課程修了後、
シカゴ大学大学院に留学、M・エリアーデらのもとで研究を続ける。
NYのニュースクール・フォー・ソーシャルリサーチ（人類学）客員教授、
関西大学教授、人間総合科学大学教授などを歴任。
四十年以上、世界各地で宗教人類学調査を続けている。
著書に『聖地の想像力』『偶然のチカラ』『生きるチカラ』
『日本の聖地ベスト100』（以上、集英社新書）、
『性愛奥義』『賭ける魂』（ともに講談社現代新書）、
『39歳』（メディアファクトリー）など多数。

幻冬舎新書 322

官能教育

私たちは愛とセックスをいかに教えられてきたか

二〇一三年十一月 三十 日 第一刷発行
二〇一四年 四 月二十五日 第五刷発行

著者 植島啓司
発行人 見城 徹
編集人 志儀保博

発行所 株式会社 幻冬舎
〒一五一-〇〇五一東京都渋谷区千駄ヶ谷四-九-七
電話 〇三-五四一一-六二一一(編集)
〇三-五四一一-六二二二(営業)
振替 〇〇一二〇-八-七六七六四三

ブックデザイン 鈴木成一デザイン室
印刷・製本所 株式会社 光邦

Printed in Japan ISBN978-4-344-98323-6 C0295
う-4-1

幻冬舎ホームページアドレス http://www.gentosha.co.jp/
*この本に関するご意見・ご感想をメールでお寄せいただく場合は、comment@gentosha.co.jp まで。

幻冬舎新書

中村淳彦
職業としてのAV女優

業界の低迷で、現在は日当3万円以下のこともあるAV女優の仕事。それでも自ら志願する女性は増える一方。なぜ普通の女性が普通の仕事としてカラダを売るのか？　求人誌に載らない職業案内。

加藤鷹
エリートセックス

日本のセックスレベルは低下する一方。そこでカリスマAV男優である著者が、女性6000人との経験から導いた快感理論を展開。〝自分で考えるセックス〟ができない現代人へのメッセージ。

団鬼六
快楽なくして何が人生

快楽の追求こそ人間の本性にかなった生き方である。だが、自分がこれまでに得た快楽は、はたして本物だったのか？　透析を拒否するSM文豪が破滅的快楽主義を通して人生の価値を問い直す！

アダム徳永
出世する男はなぜセックスが上手いのか？

仕事で成功する鉄則は、女を悦ばせる秘訣でもあった！　〝スローセックス〟を啓蒙する著者が、仕事とセックスに通底する勝者の法則を解説。具体的ノウハウを満載し、性技の道を極める一冊。